22 japanische Projekte

Inhalt

a	Pullover mit Rautenmuster	4
	Anleitung	59
b	Long-Cardigan	6
	Anleitung	61
c	Pullover mit Rautenmuster	8
	Anleitung	64
d	Stola mit Kragen	10
	Anleitung	67
e	Kurzjacke mit Kragen	12
	Anleitung	68
f	Pullover mit U-Boot-Ausschnitt	14
	Anleitung	71
g	Pullunder im Aran-Muster	16
	Anleitung	34
h	Kurzjacke	18
	Anleitung	73
i	Schirmmütze	20
	Anleitung	75
j	Weste	21
	Anleitung	77
k	Pullover mit Stehkragen	22
	Anleitung	78
l	Pullover mit quer gestricktem Zopfmuster	24
	Anleitung	80
m	Quer gestrickte Tasche	26
	Anleitung	82
n	Schal	27
	Anleitung	84
o	Raglan-Cardigan mit kurzen Ärmeln	28
	Anleitung	85
p	Kragenschal	29
	Anleitung	86
q	Einfacher Cardigan	30
	Anleitung	87
r	Quer gestrickter Hut	31
	Anleitung	89
s	Zopfmuster-Tasche	31
	Anleitung	91
t	Handstulpen	31
	Anleitung	92
u	Zopfmusterschal	32
	Anleitung	93
v	Pudelmütze	33
	Anleitung	94
Schritt für Schritt: Pullunder im Aran-Muster		34
Grundtechniken		51
Register, Abkürzungen		95
Impressum		96

Aran-Muster:
Pullover und Accessoires

a

Anleitung
Seite 59

Pullover mit Rautenmuster
Design: Hiromi Endo   Garn: Shetland-to no Hitsuji   Jeans: RED CLOVER   Gürtel: wafflish waffle

b

Anleitung
Seite 61

Long-Cardigan
Design: Keiko Okamoto   Herstellung: Sayuri Idomoto   Garn: Shetland-to no Hitsuji
Jeans: RED CLOVER   Halskette: SM2   Stiefel: DIANA Ginza

C

Anleitung
Seite 64

Pullover mit Rautenmuster
Design: Masako Imai   Herstellung: Aiko Sakata   Garn: Konayuki Syrup
Oberteil, Schal: wafflish waffle   Rock: Beuvron Aoyama

d

Anleitung
Seite 67

Stola mit Kragen
Design: Kuniko Hayashi   Garn: Prime Merino mittel   Bluse, Schuhe: Beuvron Aoyama
Hose, Strümpfe: SM2   Gürtel: wafflish waffle   Bärchen: mimiwn

e

Anleitung
Seite 68

Kurzjacke mit Kragen
Design: Takako Mizuhara   Herstellung: Hiromi Omura   Garn: Provence no Merino
Unterwäsche: RED CLOVER   Hose: SM2   Kette: wafflish waffle   Schuhe: Beuvron Aoyama

f

Anleitung
Seite 71

Pullover mit U-Boot-Ausschnitt
Design: Mayumi Kawai   Herstellung: Akiko Habu   Garn: Prime Merino mittel   Rock, Leggins: SM2   Schuhe: wafflish waffle

g
Anleitung
Seite 36

Pullunder im Aran-Muster
Design: Kazekobo   Garn: Provence no Merino   Hemd: Lois CRAYON   Rock: SM2   Schuhe: Beuvron Aoyama
Schritt-für-Schritt-Anleitung auf Seite 36

h

Anleitung
Seite 73

Kurzjacke
Design: Takako Mizuhara   Garn: Provence no Merino   Bluse: RED CLOVER   Hose: wafflish waffle
Halstuch: SM2   Schuhe: Beuvron Aoyama

i

Anleitung
Seite 75

i. Schirmmütze   Design: Takako Mizuhara   Garn: Asamoya La Seine   Parka: SM2   Puppe: una-na
j. Weste   Design: Jun Shibata   Garn: Asamoya La Seine   Jeans: RED CLOVER   Gürtel: wafflish waffle
Halstuch: SM2   Schuhe: Beuvron Aoyama

j
Anleitung
Seite 77

Pullover mit Stehkragen
Design: Mitsuko Kinoshita   Garn: Prime Merino fein-mittel   Hose, Schuhe: wafflish wafle

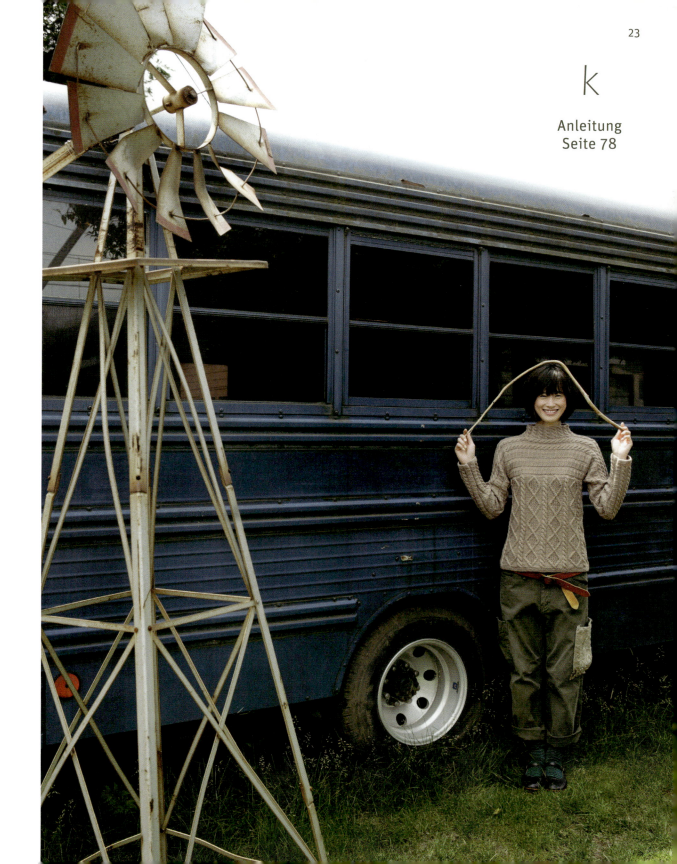

k

Anleitung
Seite 78

Anleitung
Seite 80

Pullover mit quer gestricktem Zopfmuster
Design: Mariko Oka   Garn: Prime Merino mittel
Rock: RED CLOVER Gürtel: wafflish waffle
Puppe: una-na

m

Anleitung
Seite 82

m. Quer gestrickte Tasche
Design: Shino Arai Garn: Café Wool Felt
Hose, Leggins, Halstuch: SM2

n. Schal
Design: Yumiko Maeme
Garn: Konayuki Syrup   Rock: Ichiju

n
Anleitung
Seite 84

O

Anleitung
Seite 85

Raglan-Cardigan mit kurzen Ärmeln
Design: Kazekobo
Garn: Prime Merino fein-mittel
Kleid: Beuvron Aoyama

p
Anleitung
Seite 86

Kragenschal
Design: Junko Yokoyama
Garn: Prime Merino fein-mittel
Bluse: Beuvron Aoyama
Puppe: una-na

q
Anleitung Seite 87

Einfacher Cardigan
Design: Yoko Kitagawa
Garn: Prime Merino mittel
Kleid: RED CLOVER Halstuch: SM2
Puppe: una-na

r

Anleitung
Seite 89

s

Anleitung
Seite 91

t

Anleitung
Seite 92

r. Quer gestrickter Hut
Design: Yumiko Maeme   Garn: Café Wool Felt   Bluse: SM2

s. Zopfmuster-Tasche
Design: Mariko Oka   Garn: Blanket   Kleid: SM2

t. Handstulpen
Design: Yumiko Maeme   Garn: Asamoya La Seine
Hose: Beuvron Aoyama

u

Anleitung
Seite 93

V

Anleitung
Seite 94

u. Zopfmusterschal   Design: Mitsuko Kinoshita   Garn: Prime Merino mittel
Bluse: SM2   Jeans: RED CLOVER
v. Pudelmütze   Design: Junko Yokoyama   Garn: Shetland-to no Hitsuji

g | Seite 16

Schritt für Schritt: Pullunder im Aran-Muster

Wer könnte diesem Pullunder mit traditionellem Aran-Muster und Armausschnitten mit Rippenblende widerstehen? Anhand dieses Modells beschreiben wir die Arbeitsweise exemplarisch besonders ausführlich. Mit der ausführlichen Schritt-für-Schritt-Anleitung wird das Nachstricken zum Kinderspiel!

Material
Garn

Provence no Merino*
220 g = 6 Knäuel in Brown Grey (Fb 7)

Nadeln

① 2 Stricknadeln Nr. 5,5
② Nadelspiel Nr. 5
③ Häkelnadel Nr. 6
Beim Stricken des Halsausschnitts und der Armausschnitte mit den Nadeln Nr. 5 am besten Maschenstopper auf die Nadeln stecken.

Zubehör

④ Zopfnadel
⑤ doppelseitige Maschenraffer
⑥ Stopfnadel
⑦ Maschenstopper
Doppelseitige Maschenraffer sind in der Anwendung praktischer als einfache.

Maschenprobe
16,5 M und 22 R glatt rechts = 10 × 10 cm
22 M und 22 R im Muster = 10 × 10 cm

Bevor Sie zu stricken beginnen, fertigen Sie zunächst eine Maschenprobe an. Stricken Sie dazu ein etwa 15 × 15 cm großes Probestück und zählen Sie die Maschen und Reihen über jeweils 10 cm aus. Ist die Zahl größer als angegeben, verwenden Sie dünnere Stricknadeln. Ist sie kleiner, verwenden Sie dickere Stricknadeln.

glatt rechts

Das Maschenbild ist etwa um die Hälfte verkleinert dargestellt.

Größe des fertigen Modells
Brustumfang: 86 cm
Schulterbreite Rücken: 33 cm
Länge: 50,5 cm

Muster

* Angaben zum Garn siehe vordere Umschlagklappe

Maschenanschlag (Kreuzanschlag)

1. Vom Ende des Fadens aus etwa die dreifache Breite der Arbeit abmessen und an dieser Stelle eine Schlinge legen.

2. Den Faden von hinten durch die Schlinge ziehen.

3. Zwei Stricknadeln durch die Schlinge stecken und die Schlaufe mit dem Fadenende zuziehen.

4. Dies ist die erste Anschlagmasche. Das kurze Ende des Fadens über den Daumen, das Ende zum Knäuel hin über den Zeigefinger legen.

5. Die Nadeln in Pfeilrichtung 1, 2 und 3 über und unter den Faden führen und den Faden aufnehmen.

6. Den Faden vom Daumen lösen, …

7. … den Daumen in Pfeilrichtung durch die Schlinge stecken und den Faden straff ziehen.

8. Nun ist die zweite Anschlagmasche fertig. Die Schritte 5 bis 7 fortlaufend wiederholen.

9. Hier sind 16 Anschlagmaschen zu sehen. Die erste Schlinge zählt ebenfalls als Anschlagmasche.

Maschenanschlag für den Pullunder

70 Maschen anschlagen. Der Maschenanschlag zählt als erste Reihe.

Eine Nadel herausziehen.

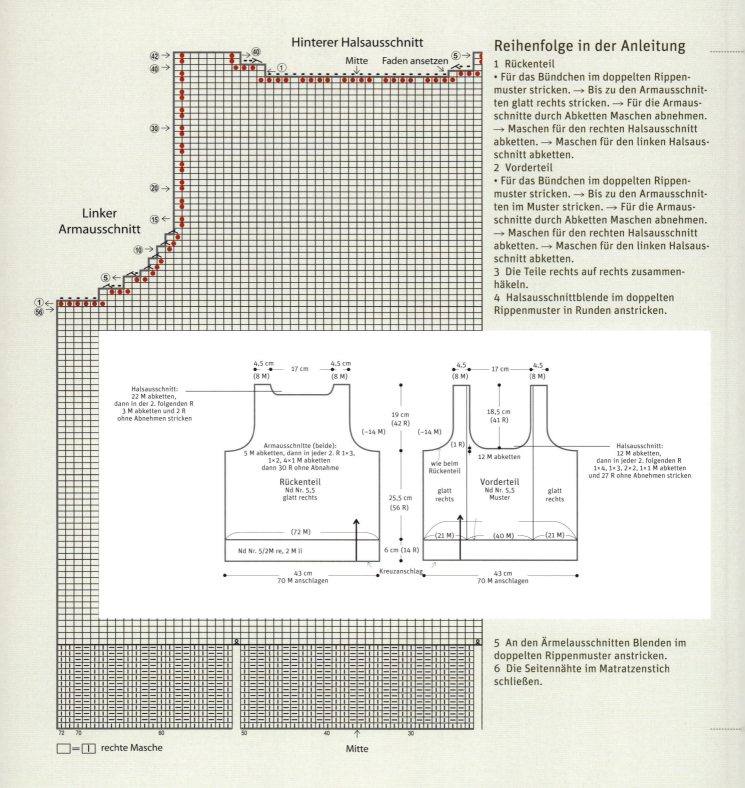

Pullunder im Aran-Muster 37

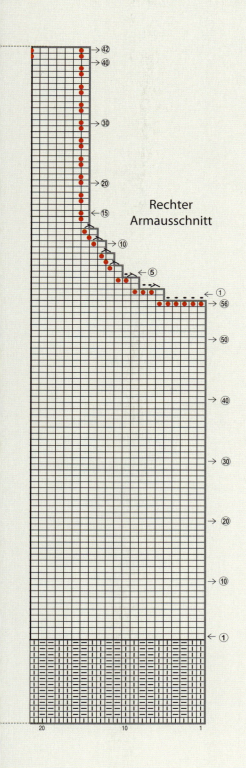

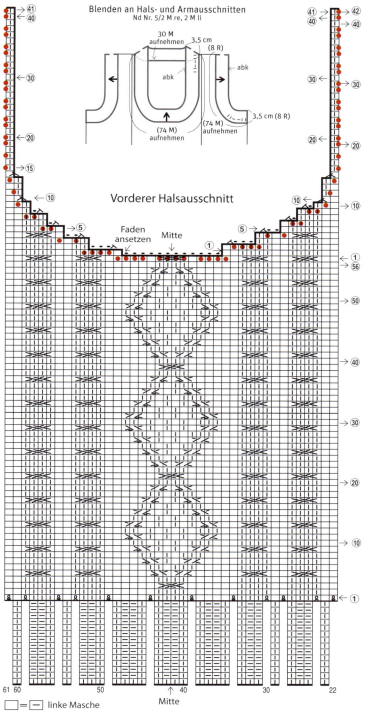

☐ = ⊟ linke Masche

* 1.–21. M und 62.–82. M wie beim Rückenteil

Rückenteil

Doppeltes Rippenmuster

2. Reihe

1. Eine Nadel herausziehen und die Arbeit wenden.

2. Nadel von hinten einstechen, Faden holen ...

3. ... und durchziehen. Dies war die erste linke Masche.

4. Die 2. Masche ebenfalls links stricken. Bei der 3. Masche die Nadel von vorn einstechen ...

5. ... und eine rechte Masche stricken. Die 4. Masche ebenfalls rechts stricken. Weiter immer 2 Maschen links, 2 Maschen rechts im Wechsel stricken.

Nach dem Beenden der 2. Reihe, Arbeit gewendet (Vorderseite)

Nach 14 Reihen

Ab der 3. Reihe

1. Von vorn in die Randmasche einstechen, den Faden holen ...

2. ... und durchziehen (= rechte Masche). Immer 2 Maschen rechts, 2 Maschen links im Wechsel stricken.

Bis zu den Armausschnitten stricken

In der 1. Reihe glatt rechts werden gleichmäßig verteilt Maschen rechts verschränkt zugenommen.

Rechts verschränkt zunehmen

1. Bis zur Masche vor der Zunahmestelle stricken.

2. Den Querfaden zwischen den Maschen mit der rechten Nadel anheben ...

3. ... und auf die linke Nadel schieben.

4. Von vorn in das hintere Maschenglied des aufgenommenen Querfadens stechen ...

5. ... und die Masche rechts verschränkt abstricken.

Links verschränkt zunehmen

Schritt 1–3 wie beim verschränkten Zunehmen rechts.
Wird beim Wechsel vom doppelten Rippenmuster auf rechte Maschen verwendet.

4. Den Faden nach vorn legen, von hinten durch den Querfaden stechen und ihn auf die Nadel heben, ...

5. ... dann die Masche verschränkt links abstricken.

6. Nach der gleichmäßig verteilten Zunahme (Vorderseite)

Rückenteil bis zu den Armausschnitten

Armausschnitte

Abketten in der Hinreihe (rechter Armausschnitt)

1. Vom Rand aus 2 Maschen rechts stricken.

2. Mit der linken Nadel von vorn in die rechte Masche einstechen ...

3. ... und diese über die 2. Masche ziehen. Nun ist nur noch eine Masche auf der Nadel.

4. Die nächste Masche rechts stricken, mit der linken Nadel in die rechte Masche stechen ...

5. ... und überziehen. Nun sind 2 Maschen abgekettet.

6. Die Schritte 4 und 5 stets wiederholen, bis 5 Maschen abgekettet sind, dann bis zum linken Rand weiterstricken.

Abketten in der Rückreihe (linker Armausschnitt)

1. Arbeit wenden und vom Rand aus 2 Maschen links stricken.

2. Mit der linken Nadel von vorn in die rechte Masche stechen ...

3. ... und diese über die 2. Masche ziehen. Nun ist nur noch eine Masche auf der Nadel.

4. Die nächste Masche links stricken, mit der linken Nadel in die rechte Masche stechen und diese über die Nachbarmasche ziehen. Nun sind 2 Maschen abgekettet.

5. Die Schritte 4 und 5 stets wiederholen, bis 5 Maschen abgekettet sind.

Abketten ab der 2. Abnahme (rechter Armausschnitt)

1. Mit der rechten Nadel von vorn in die Randmasche stechen und die Masche abheben, ohne sie abzustricken.

2. Die nächste Masche rechts stricken, mit der linken Nadel von vorn in die abgehobene Masche auf der rechten Nadel einstechen ...

3. ... und diese über die 2. Masche ziehen. Nun ist nur noch eine Masche auf der Nadel.

4. Die nächste Masche rechts stricken, mit der linken Nadel in die rechte Masche stechen und diese über die Nachbarmasche ziehen. Nun sind 2 Maschen abgekettet.

5. Schritt 4 wiederholen. Nun sind 3 Maschen abgekettet. Bis zum linken Rand weiterstricken.

Abketten ab der 2. Abnahme (linker Armausschnitt)

1. Arbeit wenden, mit der rechten Nadel von hinten in die Randmasche einstechen und sie abheben, ohne sie abzustricken.

2. Die nächste Masche links stricken, mit der linken Nadel von vorn in die abgehobene Masche auf der rechten Nadel einstechen ...

3. ... und diese über die 2. Masche ziehen. Nun ist nur noch eine Masche auf der Nadel.

4. Die nächste Masche links stricken, mit der linken Nadel in die rechte Masche einstechen ...

5. ... und überziehen. Nun sind 2 Maschen abgekettet.

6. Die Schritte 4 und 5 noch einmal wiederholen. Nun sind 3 Maschen abgekettet. Bis zum linken Rand weiterstricken.

Abketten der Randmasche (rechter Armausschnitt)

1. Mit der rechten Nadel von vorn in die Randmasche stechen und sie abheben, ohne sie abzustricken.

2. Die nächste Masche rechts stricken, mit der linken Nadel von vorn in die abgehobene Masche auf der rechten Nadel einstechen ...

3. ... und diese über die 2. Masche ziehen. Nun ist nur noch eine Masche auf der Nadel.

Abketten der Randmasche (linker Armausschnitt)

1. Bis 2 Maschen vor der Abnahmestelle stricken.

2. Mit der rechten Nadel von links in beide Maschen auf der linken Nadel einstechen und den Faden holen.

3. Den Faden durch die Maschen ziehen. Damit wurde 1 Masche abgenommen.

Pullunder im Aran-Muster 41

Maschen für die Armausschnitte abgekettet, Randmaschen abgenommen

Bis zum Halsausschnitt gerade hochstricken.

Halsausschnitt

Abketten (rechter Halsausschnitt)

1. 11 Maschen bis zum rechten Halsausschnitt stricken, ...

2. ... Arbeit wenden (da mit denselben Nadeln weitergestrickt wird, die Maschen für den linken Halsausschnitt auf der Nadel lassen), ...

3. ... mit der rechten Nadel von hinten in die Randmasche einstechen und abheben.

4. Die nächste Masche links stricken, mit der linken Nadel in die rechte Masche stechen ...

5. ... und überziehen.

6. Die Schritte 4 und 5 wiederholen, ...

7. ... bis 3 Maschen abgekettet sind.

8. Bis zum linken Rand weiterstricken.

9. Die Arbeit wenden und 2 Reihen stricken.

10. Die Maschen der rechten Schulter auf einem Maschenraffer stilllegen.

Abketten (Mitte)

1. Einen neuen Faden durch die erste Masche auf der linken Nadel holen.

2. Die nächste Masche rechts stricken, mit der linken Nadel in die rechte Masche einstechen ...

3. ... und überziehen.

4. Immer weiter eine Masche stricken und die Nachbarmasche darüberziehen, bis 22 Maschen abgekettet sind.

5. Nach dem Abketten der mittleren Maschen. Links vom Halsausschnitt sind 11 Maschen übrig.

Fertigstellung des Rückenteils

Die Maschen der linken Schulter auf einen Maschenraffer schieben. Den Faden nach 50 cm abschneiden.

Abketten (linker Halsausschnitt)

1. Am linken Halsausschnitt über 11 Maschen 2 Reihen stricken.

2. Arbeit wenden, mit der rechten Nadel von vorn in die Randmasche stechen und sie abheben, ohne sie abzustricken.

3. Die nächste Masche rechts stricken, mit der linken Nadel von vorn in die abgehobene Masche auf der rechten Nadel stechen …

4. … und diese über die 2. Masche ziehen. Nun ist nur noch eine Masche auf der Nadel.

5. Die nächste Masche rechts stricken, mit der linken Nadel in die rechte Masche stechen und diese über die Nachbarmasche ziehen. Noch einmal wiederholen. Nun sind 3 Maschen abgekettet.

6. Die 3. Reihe bis zum linken Rand stricken, dann die 4. Reihe stricken.

Faden ansetzen

Wenn mitten in der Arbeit das Knäuel zu Ende geht, muss ein neuer Knäuel angesetzt werden. Am wenigsten fällt dies am Rand auf, allerdings wird so eventuell Garn vergeudet. Am besten lässt man den Garnrest einfach hängen und verknüpft ihn lose mit dem neuen Garnanfang, sobald das neue Garn aufgenommen wurde.

1. Etwa 10 cm Garn hängen lassen und einen neuen Faden ansetzen.

2. Mit dem neuen Garn 1 Masche stricken …

3. … und die beiden Garnenden miteinander verknoten. Später den Knoten wieder lösen und die Fäden vernähen.

Pullunder im Aran-Muster 43

Vorderteil

Beim Vorderteil werden in der 1. Musterreihe Maschen aufgenommen. Es wird im Muster gestrickt (s. u.). Wegen der Garnstärke wird am Halsausschnitt mit einer ungeraden Reihe geendet. Zuerst wird der rechte Halsausschnitt gestrickt, dann mit neu angesetztem Faden der linke Halsausschnitt.

Muster

Zopfmuster und Rautenmuster entstehen durch das Verkreuzen von Maschen. Für das Verkreuzen verwenden Sie am besten eine Zopfnadel.

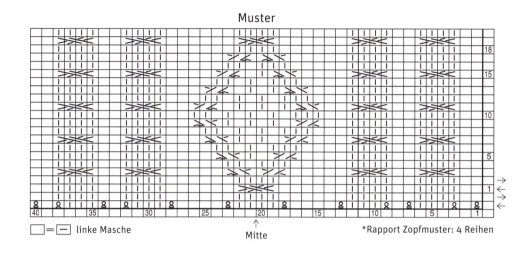

□ = — linke Masche

↑ Mitte

*Rapport Zopfmuster: 4 Reihen

⟩⟩⟨⟨ 4 Maschen nach links verkreuzen

1. Die beiden rechten der zu verkreuzenden Maschen auf die Zopfnadel abheben.

2. Die Zopfnadel vor die Arbeit legen ...

3. ... und die beiden Maschen auf der linken Nadel rechts abstricken.

4. Die beiden Maschen von der Zopfnadel auf die linke Nadel heben ...

5. ... und rechts abstricken.

⟩⟨ 3 Maschen nach rechts verkreuzen

1. Die rechte der zu verkreuzenden Maschen auf die Zopfnadel abheben.

2. Die Zopfnadel hinter die Arbeit legen ...

3. ... und die beiden Maschen auf der linken Nadel rechts abstricken.

4. Die Masche von der Zopfnadel auf die linke Nadel heben ...

5. ... und rechts abstricken.

⟩⟨ 3 Maschen links-rechts nach links verkreuzen

1. Die beiden rechten der zu verkreuzenden Maschen einer Zopfnadel vor die Arbeit legen.

2. Die nächste Masche auf der linken Nadel links abstricken.

3. Die beiden Maschen von der Zopfnadel auf die linke Nadel heben.

4. Die Maschen liegen wieder auf der linken Nadel.

5. Die beiden Maschen rechts abstricken.

⟩⟨ 3 Maschen rechts-links nach rechts verkreuzen

1. Die rechte der zu verkreuzenden Maschen auf die Zopfnadel heben.

2. Die Zopfnadel hinter die Arbeit legen …

3. … und die beiden Maschen auf der linken Seite rechts abstricken.

4. Die Masche von der Zopfnadel auf die linke Nadel schieben, mit der rechten Nadel ins hintere Maschenglied einstechen …

5. … und die Masche links abstricken.

Rechter Halsausschnitt   Abketten

1. Die 5 Maschen am rechten Armausschnitt abketten und bis zum linken Rand weiterstricken.

2. Die Arbeit wenden und 12 Maschen bis zur Mitte stricken. Erneut wenden, mit der rechten Nadel von hinten in die Randmasche stechen …

3. … und sie abheben. Die folgende Masche links abstricken. Mit der linken Nadel in die rechte Masche einstechen …

1 Musterrapport

Vorderteil bis zu den Armausschnitten

4. … und überziehen.

5. Stets die nächste Masche stricken und die rechte darüberziehen, bis 3 Maschen abgekettet sind.

6. 3 Maschen sind abgekettet.

Die Abnahmen für Armausschnitte und Halsausschnitt werden gleichzeitig vorgenommen.

Fertiger Halsausschnitt vorne rechts

Gleichzeitig die Abnahmen für den rechten Armausschnitt und den rechten vorderen Halsausschnitt arbeiten. Die Schultermaschen auf einen Maschenraffer schieben.

Abketten ab der 2. Abnahme

1. Mit der rechten Nadel von vorn in die Randmasche einstechen und sie abheben, ohne sie abzustricken.

2. Die nächste Masche rechts stricken, mit der linken Nadel von vorn in die abgehobene Masche auf der rechten Nadel einstechen …

3. … und überziehen. Nun ist nur noch eine Masche auf der Nadel.

Abketten der Randmasche

4. Die angegebene Anzahl von Maschen abketten.

1. Die Randmasche abheben, die folgende Masche rechts stricken, mit der linken Nadel von vorn in die abgehobene Masche einstechen …

2. … und diese über die 2. Masche ziehen. Nun ist nur noch eine Masche auf der Nadel.

Linker Halsausschnitt

Abketten in der Mitte

1. Auf der Rückseite der Arbeit einen neuen Faden durch die erste Masche auf der linken Nadel holen.

2. Die nächste Masche rechts stricken, mit der linken Nadel in die rechte Masche einstechen …

3. … und überziehen.

4. Immer weiter eine Masche stricken und die Nachbarmasche darüberziehen, bis 12 Maschen abgekettet sind. Anschließend die 2. Reihe stricken.

Abketten

1. Mit der rechten Nadel von vorn in die Randmasche stechen und abheben, …

2. … die folgende Masche rechts stricken. Mit der linken Nadel in die rechte Masche einstechen …

3. … und überziehen.

4. Die nächste Masche links stricken, mit der linken Nadel von vorn in die rechte Masche einstechen …

5. … und überziehen.

6. Noch einmal wiederholen. Nun sind 3 Maschen abgekettet.

7. Die Randmasche jeweils mit abketten. Fertiger Halsausschnitt links.

Fertiges Vorderteil

Die Maschen der linken Schulter auf einem Maschenraffer stilllegen.

Schulternähte zusammenhäkeln

1. Die Schultermaschen von Vorder- und Rückenteil auf Stricknadeln schieben und die Teile rechts auf rechts aneinanderlegen.

2. Mit der Häkelnadel in die jeweils ersten Maschen auf den Stricknadeln stechen und die Maschen abheben.

3. Den Faden holen und durch die beiden Maschen ziehen.

4. Mit der Häkelnadel in die folgenden 2 Maschen einstechen …

5. … und den Faden durchholen.

6. Die Schritte 4 und 5 stets wiederholen.

Nach dem Zusammenhäkeln der Schultern

Halsausschnittblende

Für die Halsausschnittblende werden von der linken Schulter ausgehend Maschen aufgenommen. Sie verteilen sich auf 3 Nadeln: linker vorderer Halsausschnitt, rechter vorderer Halsausschnitt und hinterer Halsausschnitt.

Maschen aufnehmen (vorderer Halsausschnitt)

1. Die Nadel an der linken Schulter an der mit einem roten Punkt markierten Stelle einstechen (siehe Strickschrift), Faden holen …

2. … und durchziehen.

3. Die Nadel ebenso in die nächste Masche einstechen und den Faden durchziehen.

4. 1 Masche überspringen und den Faden holen.

5. An den Stellen, an denen 2 abgekettete Maschen zusammenfallen, die Nadel in die Reihe darunter einstechen …

6. … und 1 Masche aufnehmen. Die folgenden Maschen an den gekennzeichneten Stellen aufnehmen.

7. Auf diese Weise aus dem linken vorderen Halsausschnitt 37 Maschen aufnehmen.

8. Aus dem rechten vorderen Halsausschnitt ebenfalls 37 Maschen aufnehmen.

Maschen aufnehmen (hinterer Halsausschnitt)

1. Die Nadel an der rechten Schulter an der mit einem roten Punkt markierten Stelle einstechen, Faden holen …

2. … und durchziehen. Die folgenden Maschen wie vorn aufnehmen.

3. Aus dem rückwärtigen Halsausschnitt insgesamt 30 Maschen aufnehmen.

Doppeltes Rippenmuster (in Runden gestrickt)

1. In die erste Masche der vorderen linken Nadel von vorn einstechen und die Masche rechts stricken.

2. Die folgende Masche rechts stricken.

3. Die folgenden 2 Maschen links stricken. Weiterhin immer 2 Maschen links, 2 Maschen rechts im Wechsel stricken.

4. 8 Runden im doppelten Rippenmuster stricken, dabei die Nadel an 3 Stellen wechseln.

Abketten

1. 2 Maschen rechts stricken.

2. Mit der linken Nadel in die rechte Masche stechen ...

3. ... und diese über die linke Masche ziehen.

4. Linke Maschen links abstricken.

5. Mit der linken Nadel in die rechte Masche stechen und diese über die Nachbarmasche ziehen. Nachfolgend rechte Maschen rechts, linke Maschen links abstricken und abketten.

Fertigstellen

1. Wenn alle Maschen abgekettet sind, den Faden ca. 15 cm lang abschneiden und durch die letzte Masche ziehen.

2. Den Faden in eine Stopfnadel fädeln und die Nadel durch die 2. abgekettete Masche ab Abkettbeginn stechen.

3. Den Faden durchziehen und durch die Mitte der letzten abgeketteten Masche zurückführen.

4. Den Faden so durchziehen, dass er die anderen abgeketteten Maschen nicht zusammenzieht.

5. Zum Vernähen das Fadenende durch die Maschen auf der linken Seite der Arbeit führen.

Pullunder im Aran-Muster 49

Armausschnittblenden

Die Blenden an den Armausschnitten werden ebenfalls im doppelten Rippenmuster, jedoch in Reihen gestrickt.

Maschen aufnehmen

1. Mit der Stricknadel an der Stelle am Anfang des Armausschnitts einstechen, die in der Strickschrift mit einem roten Punkt markiert ist, den Faden erfassen …

2. … und durchziehen.

3. Die Nadel ebenso in die nächste Masche einstechen und den Faden durchziehen.

4. Die folgenden Maschen an den gekennzeichneten Stellen aufnehmen. Auf diese Weise aus dem Vorder- und Rückenteil insgesamt 37 Maschen aufnehmen.

8 Reihen im doppelten Rippenmuster stricken.

Abketten (in Reihen)

1. 2 Maschen rechts stricken, …

2. … mit der linken Nadel in die rechte Masche stechen …

3. … und diese über die linke Masche ziehen. Nachfolgend rechte Maschen rechts, linke Maschen links abstricken und abketten.

4. Armausschnitt mit abgeketteter Blende

Matratzenstich

Die Seitennähte werden im Matratzenstich geschlossen. Zur besseren Sichtbarkeit wurde hier ein kontrastfarbenes Garn verwendet.

1. Auf der Höhe der linken Anschlagreihe den Querfaden der ersten Masche aufnehmen und den Faden durchziehen.

2. In der rechten Anschlagreihe den Querfaden der ersten Masche aufnehmen und den Faden durchziehen.

3. Auf der linken Seite den Querfaden der ersten Masche in der Reihe darüber aufnehmen.

4. Auf der rechten Seite den Querfaden der ersten Masche in der Reihe darüber aufnehmen.

5. Weiter abwechselnd links und rechts den Querfaden der jeweils ersten Masche aufnehmen und den Faden durchziehen.

6. Auch im glatt rechts gestrickten Teil für den Matratzenstich immer den Querfaden der ersten Masche in jeder Reihe aufnehmen.

Fertiger Pullunder

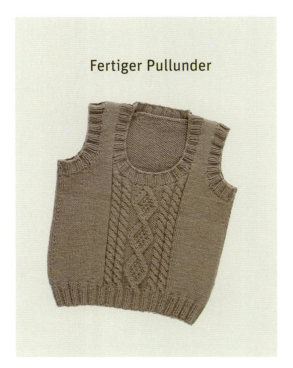

Auf den Umschlagklappen dieses Buches finden Sie wichtige Informationen, die Ihnen beim Nachstricken Ihrer Lieblingspullover helfen:
Wie Sie das richtige Garn für Ihr Projekt finden, steht auf der vorderen Umschlagklappe.
Ein Abkürzungsverzeichnis und Tipps zur Größenanpassung sind auf der hinteren abgedruckt.

Provisorischer Maschenanschlag mit Hilfsfaden und Häkelnadel

Grundtechniken

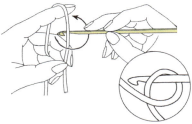 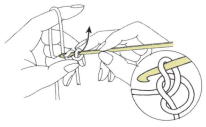

1. Die Häkelnadel hinten an den Hilfsfaden legen und so drehen, dass eine Schlaufe wie auf dem Bild entsteht.

2. Den Kreuzungspunkt festhalten und mit der Häkelnadel den Faden durch die Schlaufe holen.

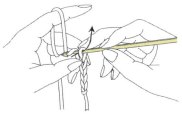

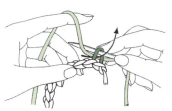

3. Schritt 2 stets wiederholen, bis die erforderliche Maschenzahl erreicht ist.

4a. Maschenanschlag, Rückseite
b. Vorderseite
c. Mit der Stricknadel ins hintere Maschenglied stechen.

5. Das Strickgarn mit der Stricknadel erfassen und durchziehen.

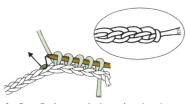

6. Den Faden nacheinander durch jede Masche holen, dabei jeweils in das hintere Maschenglied einstechen.

7. So oft wiederholen, bis die gewünschte Maschenanzahl aufgenommen ist.

Provisorischer Maschenanschlag ohne Hilfsfaden mit Häkelnadel

Hinteres Maschenglied

1. Die Häkelnadel herausziehen und mit der Stricknadel durch die letzte Schlaufe stechen.

2. Eine Masche überspringen und ab der 2. Masche jeweils in das hintere Maschenglied einstechen und eine Masche nach der anderen aufnehmen.

Maschen aufnehmen nach Abketten mit Hilfsfaden

1. Am Fadenende an der Schlaufe der letzten Masche ziehen.

2. Den Faden herausziehen und die erste Masche lösen.

3. Die gelösten Maschen des Strickstücks sofort auf eine Stricknadel aufnehmen.

4. Die Richtung der Maschen beim Aufnehmen nicht verändern.

Abketten mit der Häkelnadel

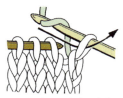 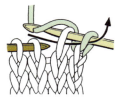 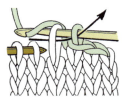 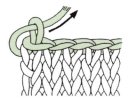

1. Mit der Häkelnadel von vorn in die Randmasche einstechen und den Faden durchziehen.

2. In die 2. Masche einstechen und den Faden durch beide Schlingen ziehen.

3. Schritt 2 stets wiederholen.

4. Zum Schluss den Faden abschneiden und das Ende durch die letzte Masche ziehen.

Italienisch abketten

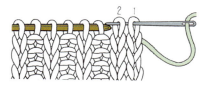 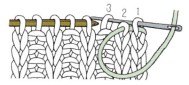 

1. Mit einer stumpfen Stricknadel von vorn durch die 1. und von hinten durch die 2. Masche einstechen und den Faden durchziehen.

2. Die Nadel von vorn durch die 1. und ebenfalls von vorn durch die 3. Masche einstechen und den Faden durchziehen.

3. Die Nadel von vorn durch die 2. und von hinten durch die 4. Masche einstechen und den Faden durchziehen.

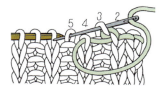  

4. Die Nadel von hinten durch die 3. und von vorn durch die 5. Masche stechen und den Faden durchziehen. Die Schritte 3 und 4 stets wiederholen.

5. Zum Schluss die Nadel von vorn durch die Masche 3' und von hinten durch die Masche 1' stechen und den Faden durchziehen.

6. Die Nadel von hinten durch die Masche 2' und von hinten durch die Masche 1' stechen und den Faden durchziehen.

1 rechte Masche am rechten Rand

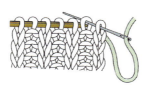 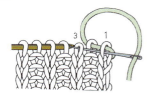

1. Die Nadel von vorn durch die beiden Maschen am Rand stechen und den Faden durchziehen.

2. Die Nadel von vorn durch die 1. und von hinten durch die 3. Masche stechen und den Faden durchziehen. Fortfahren mit Schritt 4.

2 rechte Maschen am linken Rand

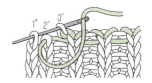 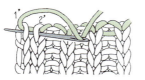

1. Die Nadel von hinten durch die Masche 3' und ebenfalls von hinten durch die Masche 1' stechen und den Faden durchziehen.

2. Die Nadel von vorn durch die Masche 2' und von hinten durch die Masche 1' stechen und den Faden durchziehen.

Maschenstich

Rechte Maschen

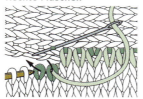 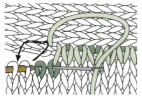

1. Den Querfaden der 1. Reihe aufnehmen und den Faden durchziehen.

2. Mit der Nadel von vorn durch die 1. und von hinten durch die 2. Masche stechen und den Faden durchziehen. Die Querfäden der nächsten beiden Reihen aufnehmen und den Faden durchziehen.

Linke Maschen

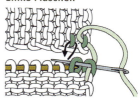 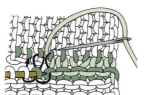

1. Die Nadel von hinten durch die 1. und von vorn durch die 2. Masche stechen und den Faden durchziehen. Den Querfaden der 1. Reihe aufnehmen und den Faden durchziehen.

2. Immer abwechselnd 2 Maschen und 1 Querfaden aufnehmen und den Faden durchziehen.

Die Symbole in den Strickschriften und ihre Bedeutung

I rechte Masche

1. Die Nadel von links nach rechts in die Masche stechen, den Faden erfassen ...

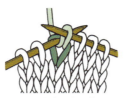
2. ... und durchziehen.

— linke Masche

1. Die Nadel von rechts nach links in die Masche stechen, den Faden erfassen ...

2. ... und durchziehen.

⋏ 2 Maschen rechts zusammenstricken

1. Mit der Nadel von links nach rechts durch 2 Maschen stechen, den Faden erfassen ...

2. ... und durchziehen.

⋏ 2 Maschen links zusammenstricken

1. Mit der Nadel von rechts nach links durch 2 Maschen stechen, den Faden erfassen ...

2. ... und durchziehen.

⋏ 2 Maschen rechts überzogen zusammenstricken

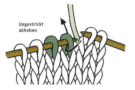
1. Mit der Nadel von links nach rechts in die 1. Masche stechen und abheben.

2. Die nächste Masche rechts stricken.

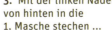
3. Mit der linken Nadel von hinten in die 1. Masche stechen ...

4. ... und diese über die 2. Masche ziehen.

O Umschlag

1. Den Faden von vorn nach hinten über die Nadel legen ...

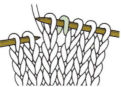
2. ... und die nächste Masche stricken.

⋏ 3 Maschen rechts zusammenstricken

1. Mit der Nadel von links durch 3 Maschen stechen, den Faden erfassen ...

2. ... und durchziehen.

3 Maschen überzogen zusammenstricken

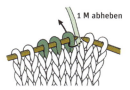
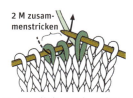

1. Mit der Nadel von links nach rechts in die 1. Masche stechen und abheben.

2. Von links nach rechts durch die nächsten beiden Maschen stechen und die Maschen rechts zusammenstricken.

3. Mit der linken Nadel von rechts nach links in die 1. Masche stechen …

4. … und diese über die zusammengestrickten Maschen ziehen.

 3 Maschen rechts überzogen zusammenstricken, Variante

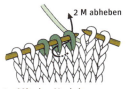

1. Mit der Nadel von links in die 1. und 2. Masche stechen und abheben.

2. Die nächste Masche rechts stricken.

3. Mit der linken Nadel von hinten durch die 1. und 2. Masche stechen …

4. … und diese über die gestrickte Masche ziehen.

 Abnahme am linken Rand (rechte Maschen, zusammengestrickt)

 Abnahme am rechten Rand (rechte Maschen, überzogene Abnahme)

1. Die Nadel von links durch die 2. und 3. Masche vom Rand aus stechen, Faden erfassen und durchziehen.

2. Die Randmasche abstricken.

1. Die Randmasche abstricken, mit der Nadel von links in die 2. Masche stechen und abheben. Die 3. Masche rechts stricken.

2. Mit der linken Nadel von hinten durch die 2. Masche stechen und diese über die 3. Masche ziehen.

 Abnahme am linken Rand (linke Maschen, zusammengestrickt)

 Abnahme am rechten Rand (linke Maschen, verschränkt zusammengestrickt)

1. Die Nadel von rechts durch die 2. und 3. Masche vom Rand aus stechen, …

2. … Faden erfassen und durchziehen. Die Randmasche abstricken.

1. Die Randmasche abstricken und mit der Nadel von hinten so in die 2. und 3. Masche stechen, dass ihre Ausrichtung umgekehrt wird.

2. Den Faden durchziehen.

2 Maschen nach links verkreuzen

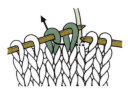 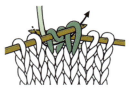 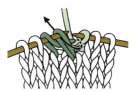 

1. Die rechte Nadel hinter der 1. der zu verkreuzenden Maschen vorbeiführen und in die 2. Masche einstechen.

2. Den Faden holen und durchziehen.

3. Mit der Nadel von vorn in die 1. Masche einstechen …

4. … und diese rechts abstricken. Nun sind die Maschen verkreuzt.

 2 Maschen nach links verkreuzen (rechte über linke Masche)

1. Den Faden vor die Arbeit legen, die rechte Nadel hinter der 1. der zu verkreuzenden Maschen vorbeiführen und von rechts in die 2. Masche stechen.

2. Die linke Masche auf die rechte Nadel nehmen, den Faden holen und die Masche links abstricken.

3. Mit der Nadel von links nach rechts in die 1. Masche stechen …

4. … und diese rechts abstricken. Nun sind die Maschen verkreuzt.

 2 Maschen nach rechts verkreuzen (rechte über linke Masche)

1. Mit der Nadel von links in die 2. der zu verkreuzenden Maschen einstechen.

2. Den Faden holen und die Masche rechts abstricken.

3. Mit der rechten Nadel von rechts nach links in die auf der linken Nadel verbliebene 1. Masche stechen …

4. … und diese links abstricken. Nun sind die Maschen verkreuzt.

2 Maschen nach rechts verkreuzen (rechte Masche verschränkt)

 2 Maschen nach links verkreuzen (rechte Masche verschränkt)

1. Mit der Nadel in Pfeilrichtung in die 2. der zu verkreuzenden Maschen stechen.

2. Den Faden holen und die Masche rechts abstricken. Die Schritte 3 und 4 wie unter »2 Maschen nach rechts verkreuzen (rechte über linke Masche)« ausführen.

3. Die Schritte 1 und 2 wie unter »2 Maschen nach links verkreuzen (rechte über linke Masche)« ausführen. Von rechts in die 1. Masche einstechen …

4. … und diese rechts abstricken. Nun sind die Maschen verkreuzt.

Rechts verschränkt

Masche mit Umschlag abheben

1. Die Nadel in Pfeilrichtung von rechts nach links einstechen, …

2. … den Faden holen und durchziehen …

3. … und die Masche rechts abstricken.

1. Den Faden vor die Arbeit legen, mit der Nadel von rechts nach links einstechen …

2. … und die Masche ohne Abstricken auf die rechte Nadel gleiten lassen, dabei den Faden mit auf die Nadel nehmen. Die nächste Masche rechts stricken.

3. In der folgenden Reihe den Umschlag mit der Masche zusammen abstricken.

Masche abheben

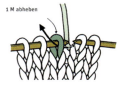  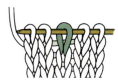

1. Mit der Nadel von rechts nach links einstechen, …

2. … die Masche ohne Abstricken auf die rechte Nadel gleiten lassen und die folgende Masche rechts stricken.

3. Abgehobene Masche.

Knötchenmuster

  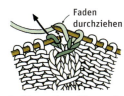 

1. Mit der Nadel von hinten in die 3. Masche einstechen und diese über die beiden anderen rechten Maschen ziehen.

2. Die 1. Masche rechts stricken.

3. Einen Umschlag aufnehmen ...

4. ... und die 2. Masche ebenfalls rechts stricken.

4 Maschen nach rechts verkreuzen mit Mittelmasche (Nullenzopf)

   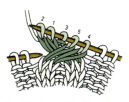

1. Die ersten beiden Maschen auf eine Zopfnadel heben, die 3. Masche auf eine 2. Zopfnadel heben und alles hinter die Arbeit legen.

2. Die 4. und 5. Masche (von der linken Nadel) rechts stricken.

3. Die 3. Masche (von der 2. Zopfnadel) links stricken.

4. Die 1. und 2. Masche (von der 1. Zopfnadel) rechts stricken.

2 feste Maschen zusammen abmaschen

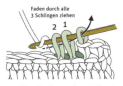 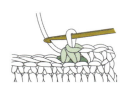

1. Nacheinander 2 feste Maschen häkeln, dabei jeweils die Schlinge auf der Häkelnadel lassen. Den Faden holen ...

2. ... und durch alle 3 Schlaufen ziehen.

2 feste Maschen aus einer heraushäkeln

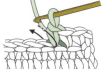  

1. 1 feste Masche häkeln, ...

2. ... nochmals in dieselbe Masche einstechen und eine weitere feste Masche häkeln.

3. Maschenzunahme

Krebsmaschen

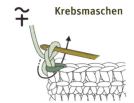 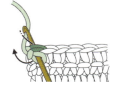 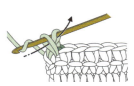 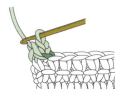 

1. Mit der Häkelnadel von vorn nach hinten durch die Masche stechen, ...

2. ... den Faden in Pfeilrichtung erfassen, ...

3. ... durchholen, erneut erfassen ...

4. ... und durch beide Schlaufen ziehen.

5. Die Schritte 1–4 stets wiederholen.

59 Pullover mit Rautenmuster

Pullover mit Rautenmuster

Seite 04

Material
Garn: Shetland-to no Hitsuji* (Daruma), 540g = 14 Knäuel in Beige (Fb 2)
Nadeln: Stricknadeln Nr. 5
Maße: Brustumfang 90 cm, Schulterbreite Rücken 39 cm, Länge 57 cm, Ärmellänge 51,5 cm
Maschenprobe: 14,5 M und 26 R kraus, 18,5 M und 26 R im Muster (A und B) = 10 × 10 cm

Ausführung
Vorder- und Rückenteil: Maschen anschlagen, in der 1. Musterreihe A mithilfe von Umschlägen Maschen zunehmen, in der 2. Musterreihe die Umschläge verschränkt abstricken. Für die Armausschnitte jeweils 4 Maschen abketten. Die verkreuzten Maschen der Rauten in der letzten Reihe unter dem Halsausschnitt links stricken und für den Halsausschnitt die mittleren Maschen stilllegen. Für die Abnahmen 2 Maschen und mehr stets abketten, bei 1 Masche die Randmasche abketten (siehe Seite 40).

Ärmel: Schultern zusammenhäkeln. An den Armausschnitten Maschen aufnehmen, dabei am Rand verteilt mithilfe von Umschlägen Maschen zunehmen. Bei den Abnahmen an der Ärmelnaht stets die Randmaschen abketten.

Fertigstellung: Am Halsausschnitt Maschen aufnehmen und das Halsbündchen in Runden stricken. Seiten- und Ärmelnähte im Matratzenstich schließen, Achsel im Strickstich schließen.

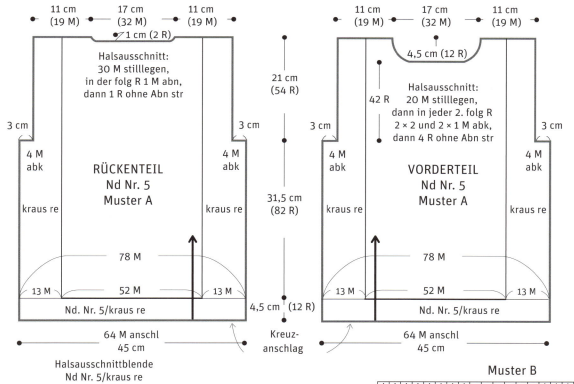

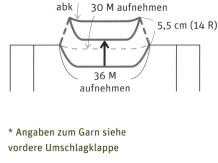

* Angaben zum Garn siehe vordere Umschlagklappe

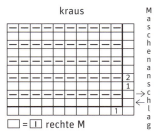

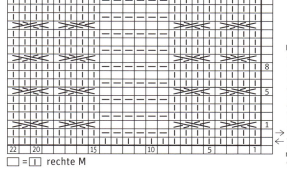

60 Pullover mit Rautenmuster

Muster A

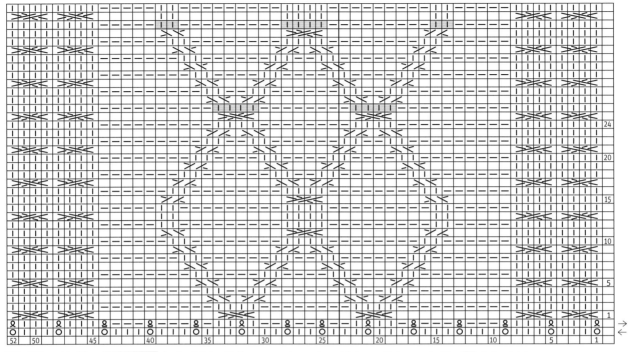

☐ = ⏐ rechte M   ⏐⏐⏐⏐⏐⏐ in der letzten Reihe vor vorderem bzw. hinterem Halsausschnitt   ☐ links stricken

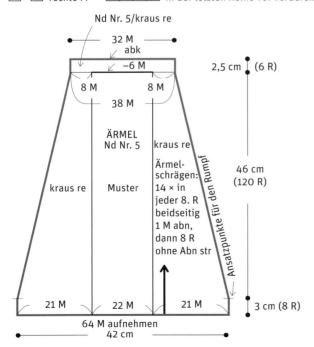

Long-Cardigan

Seite 06

Material
Garn: Shetland-to no Hitsuji* (Daruma), in Braun (Fb 4) 690g = 18 Knäuel
Nadeln: Stricknadeln Nr. 4, Nr. 4,5 und Nr. 5
Zubehör: 5 Knöpfe (Durchmesser 2,5 cm)
Maße: Brustumfang 101,5 cm, Schulterbreite Rücken 35 cm, Länge 69 cm, Ärmellänge 51,5 cm
Maschenprobe: 17,5 M und 26 R glatt rechts, 24 M und 26 R im Muster = 10 × 10 cm

Ausführung
Vorder- und Rückenteil, Ärmel: Maschen mit Hilfsfaden anschlagen. Für Abnahmen einzelner Maschen die Randmasche abketten (siehe Seite 40), Zunahmen verschränkt aus dem Querfaden der Randmasche durchführen. Für Armausschnitte, Halsausschnitt und Armkugel Maschen durch Abketten bzw. durch Abketten der Randmasche abnehmen.
Ärmelbündchen: Bündchen, Hilfsfaden aus dem Maschenanschlag lösen und die Maschen auf die Nadeln auffassen. In der 1. Reihe gleichmäßig verteilt Maschen abnehmen, dann im einfachen Rippenmuster stricken und abketten.
Blende: Maschen aufnehmen und im einfachen Rippenmuster stricken, Knopflöcher mitstricken.
Kragen: Schultern zusammenhäkeln. Auf der rechten Maschenseite der Vorderseiten Maschen aufnehmen. Den Kragen stricken, dabei Vorder- und Rückseite beachten und die Nadelstärke gemäß Strickschrift wählen.
Fertigstellung: Seiten- und Ärmelnähte im Matratzenstich schließen, Ärmel anhäkeln.

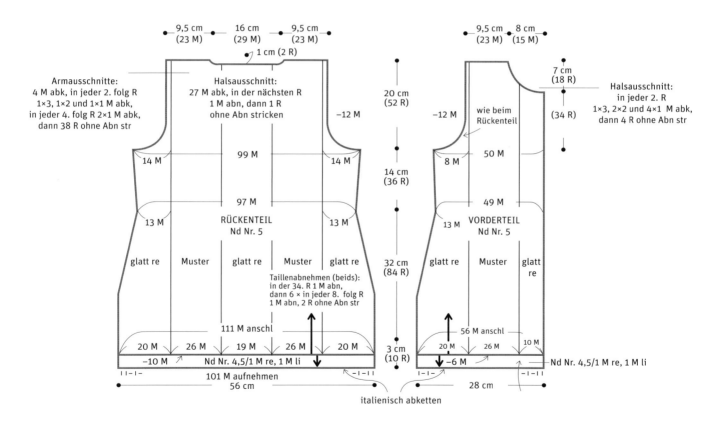

* Angaben zum Garn siehe vordere Umschlagklappe

62 Long-Cardigan

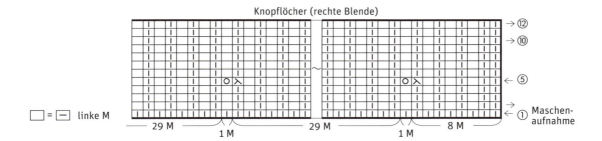

2 Maschen nach rechts verkreuzen ✕

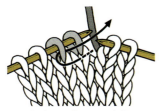

1. Mit der rechten Nadel von vorn in die 2. der zu verkreuzenden Maschen stechen.

2. Den Faden holen und rechts abstricken.

3. Mit der rechten Nadel von vorn in die Masche auf der linken Nadel stechen.

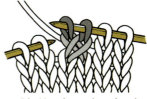

4. Die Masche rechts abstricken und die linke Nadel herausziehen. Nun sind die Maschen verkreuzt.

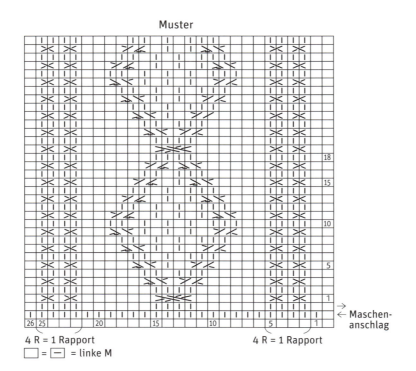

Long-Cardigan

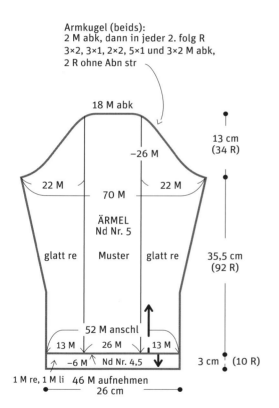

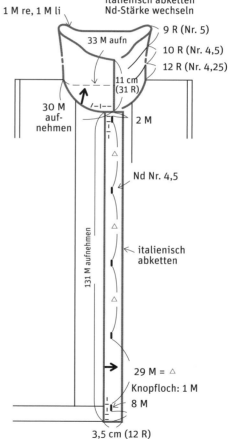

64 Pullover mit Rautenmuster

Pullover mit Rautenmuster

Seite 08

Material
Garn: Konayuki Syrup* (Daruma), in Warm Brown (Fb 7) 410g = 11 Knäuel
Nadeln: Stricknadeln Nr. 5 und 5,5, Häkelnadel Nr. 4
Maße: Brustumfang 88 cm, Schulterbreite Rücken 34 cm, Länge 50,5 cm, Ärmellänge 55,5 cm
Maschenprobe: 16,5 M und 22 R glatt links und im Muster bzw. 20 M und 22 R im Zopfmuster = 10 × 10 cm

Ausführung
Vorder- und Rückenteil:
Maschen im Kreuzanschlag anschlagen. Für die Armausschnitte Maschen abketten bzw. die Randmasche abketten (siehe Seite 40).
Für den vorderen Halsausschnitt die Arbeit in der Mitte teilen und für die Abnahmen stets die Randmasche abketten.
Ärmel: Beginnen wie bei Vorder- und Rückenteil, am Übergang von Bündchen zu Ärmel Maschen abnehmen. An der Ärmelnaht stets aus dem Querfaden neben der Randmasche verschränkt zunehmen, an der Armkugel die abzunehmenden Maschen abketten.
Fertigstellung: Schultern zusammenhäkeln. Für das Halsbündchen am Halsausschnitt Maschen aufnehmen und kraus stricken. Mit der Häkelnadel Nr. 4 abhäkeln. Seiten- und Ärmelnähte im Matratzenstich schließen, Ärmel anhäkeln.

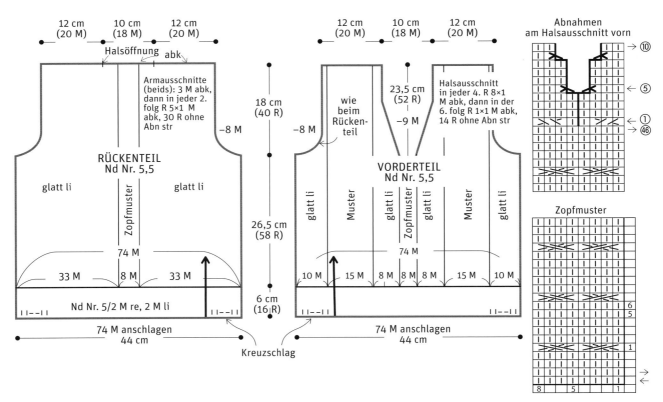

* Angaben zum Garn siehe vordere Umschlagklappe

Noppen häkeln

1. Aus der Masche, an der die Noppe entstehen soll, 3 Luftmaschen häkeln.

2. Aus derselben Masche 2 Stäbchen häkeln, jedoch nicht abmaschen.

3. Den Faden durch alle 3 Schlaufen ziehen.

4. Die Schlaufe auf die rechte Nadel legen.

5. Die nächste Masche links abstricken.

4 Maschen nach rechts verkreuzen ✕

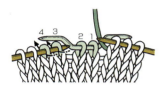
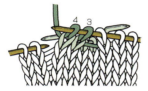
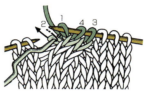
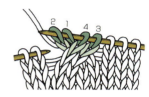

1. Die ersten beiden Maschen auf eine Zopfnadel schieben und hinter die Arbeit legen.

2. Die 3. und 4. Masche rechts stricken.

3. Die Maschen auf der Zopfnadel rechts stricken.

4. Die Maschen sind nun verkreuzt.

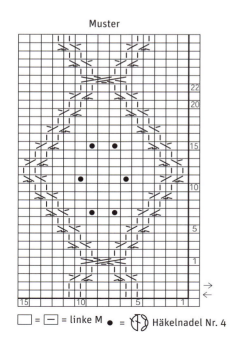

Muster

☐ = ⊟ = linke M   ● = 🪡 Häkelnadel Nr. 4

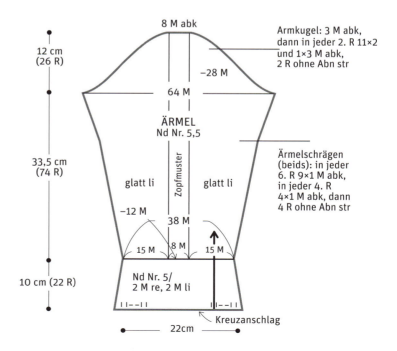

66 Pullover mit Rautenmuster/Stola mit Kragen

Fortsetzung von Seite 65

Halsausschnittblende (kraus re)

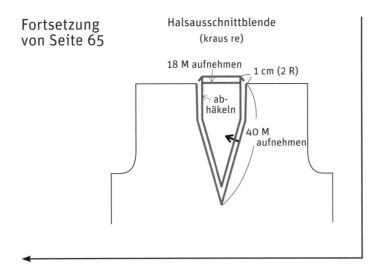

18 M aufnehmen · 1 cm (2 R) · abhäkeln · 40 M aufnehmen

STOLA (Rückseite)

Muster B

8 R · 1 Rapport · 8 R 1 Rapport

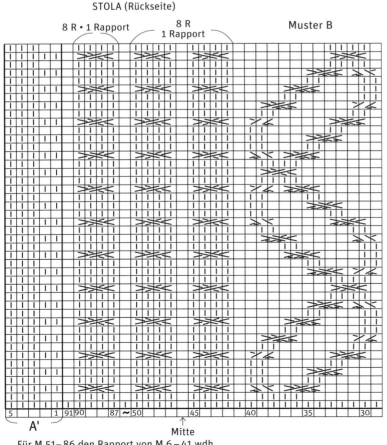

Für M 51–86 den Rapport von M 6–41 wdh.

 =  = linke M

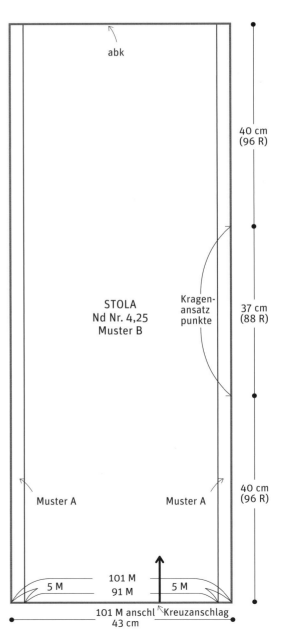

STOLA
Nd Nr. 4,25
Muster B

abk

Kragenansatzpunkte

Muster A · Muster A

40 cm (96 R) · 37 cm (88 R) · 40 cm (96 R)

5 M · 101 M / 91 M · 5 M

101 M anschl Kreuzanschlag
43 cm

Stola mit Kragen 67

Stola mit Kragen
Seite 10

Material
Garn: Prime Merino mittel*
(Daruma), in Light Brown (Fb 3)
280 g = 7 Knäuel
Nadeln: Stricknadeln Nr. 4 und 4,25,
Häkelnadel Nr. 4
Maße: Breite 43 cm, Länge 117 cm
Maschenprobe: 5 M und 24 R in Muster A und A' = 2,5 × 10 cm, 24 M und 24 R in Muster B = 10 × 10 cm

Ausführung
Stola: Maschen im Kreuzanschlag anschlagen. Die Zahlen in der ersten Reihe der Strickschrift zu Muster B geben die Maschenzahlen an. Nach der 50. M den Musterrapport ab der 6. M wiederholen. Die Stola ohne Zu- und Abnahmen stricken, dabei die Kragenansatzpunkte markieren. In der letzten Reihe alle Maschen abketten.
Kragen: Die Stola mit der Rückseite nach oben legen, zwischen den Kragenansatzpunkten Maschen aufnehmen und den Kragen stricken. Achtung: Da der Kragen umgeschlagen wird, müssen Vorder- und Rückseite von Kragen und Stola seitenverkehrt gestrickt werden! Für den Kragen 22 R im doppelten Rippenmuster stricken, dabei nach 14 R die Stricknadelstärke wechseln. Anschließend 3 R kraus rechts stricken. Die letzte Reihe von der Rückseite her abhäkeln.

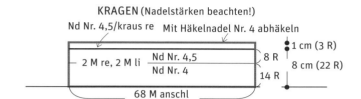

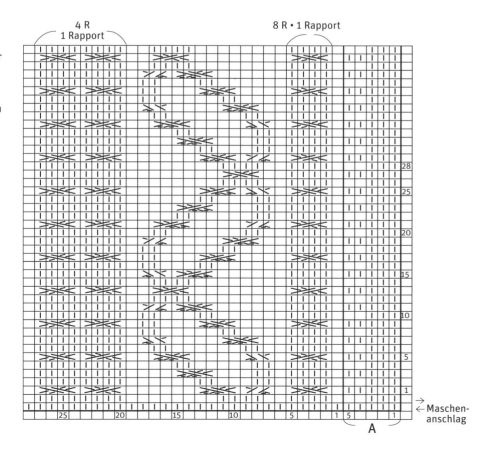

* Angaben zum Garn siehe vordere Umschlagklappe

68 Kurzjacke mit Kragen

Kurzjacke mit Kragen

Seite **12**

Material
Garn: Provence no Merino* (Daruma), in Dark Blue (Fb 5), 410 g = 11 Knäuel
Nadeln: Stricknadeln Nr. 5, 5,5 und 6, Häkelnadel Nr. 5
Zubehör: 3 Knöpfe (Durchmesser 3,5 cm)
Maße: Brustumfang 92 cm, Schulterbreite Rücken 36 cm, Länge 44 cm, Ärmellänge 42 cm
Maschenprobe: 15 M und 21,5 R glatt rechts und in Muster B, 22 M und 21,5 R in Muster A, 18 M und 26 R im Muster C = 10 × 10 cm

Ausführung
Nach den Angaben in den Schnitten stricken. Für das 1. Knopfloch im rechten Vorderteil in der 31. R 4 M abketten und in der 32. R 4 Umschläge auf die Nadel nehmen. Schultern zusammenhäkeln, Seiten- und Ärmelnähte im Matratzenstich schließen und die Ränder der Rumpfteile mit festen Maschen behäkeln. Für den Kragen auf der Rückseite von Vorderteilen und Rückenteil am Halsausschnitt Maschen aufnehmen. Die Nadelstärke gemäß Strickschrift wechseln. In der letzten Reihe rechte Maschen rechts, linke Maschen links abketten. Die Ärmel anhäkeln.

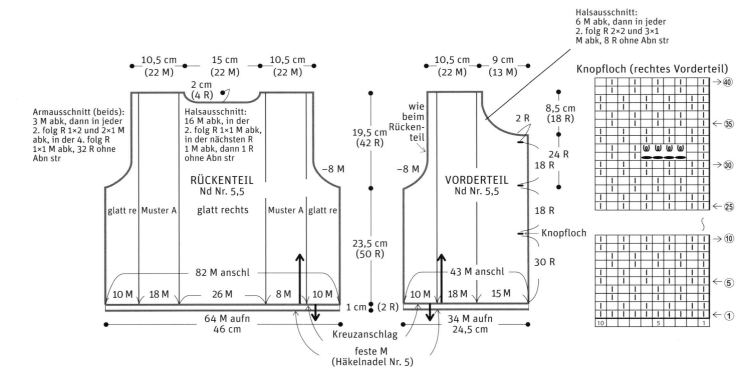

* Angaben zum Garn siehe vordere Umschlagklappe

Knopflöcher stricken

1. Vom Rand aus 4 Maschen stricken, dann mit der linken Nadel in die 3. Masche von rechts stechen …

2. … und diese über die Masche links daneben ziehen.

3. Fortlaufend eine Masche stricken und die Nachbarmasche darüberziehen, bis 4 Maschen abgekettet sind.

4. In der folgenden Reihe 4 Umschläge aufnehmen, dazu den Faden wie im Bild um die rechte Nadel schlingen.

5. 4 Maschen aufgenommen.

6. Die beiden Maschen am Rand stricken.

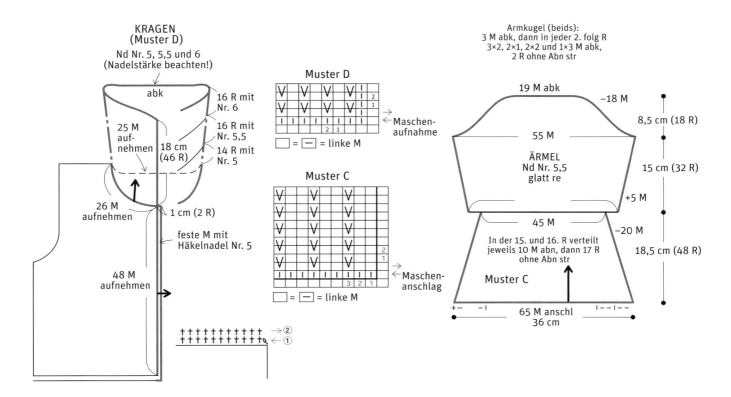

70 Kurzjacke mit Kragen

Muster A

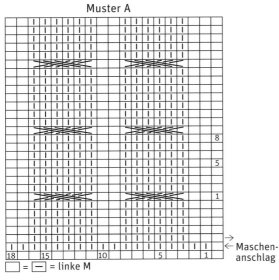

☐ = ⊟ = linke M

Muster B (rechtes Vorderteil)

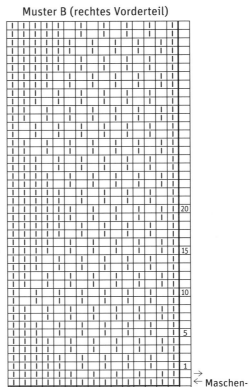

☐ = ⊟ = linke M

* linkes Vorderteil seitenverkehrt stricken

Maschenzunahmen an der Ecke der Vorderteilkante

Ärmelaufschlag

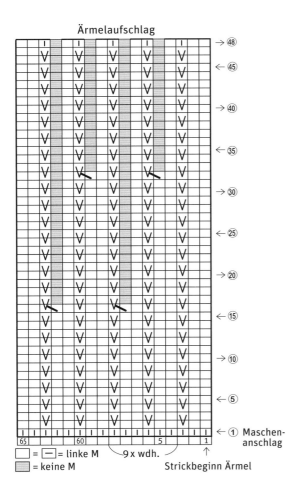

☐ = ⊟ = linke M
▨ = keine M
9 x wdh.
Strickbeginn Ärmel

Pullover mit U-Boot-Ausschnitt 71

Pullover mit U-Boot-Ausschnitt

Seite **14**

Material
Garn: Prime Merino mittel* (Daruma), in Beige (Fb 2), 450 g = 12 Knäuel
Nadeln: Stricknadeln Nr. 4,25 und 4,5, Häkelnadel Nr. 3,5
Maße: Brustumfang 92 cm, Länge 56 cm, Ärmellänge 72 cm
Maschenprobe: 21 M und 27 R glatt links, 29 M und 27 R im Muster = 10 × 10 cm
Ausführung
Vorder- und Rückenteil: Vorder- und Rückenteil werden identisch gestrickt. Maschen im Kreuzschlag anschlagen und kraus stricken. Glatt links und im Muster (siehe Strickschrift) gerade bis zur Schulter hochstricken, dabei die Achselpunkte jeweils mit einem Faden markieren.
Ärmel: Maschenanschlag und Strickbeginn wie bei Vorder- und Rückenteil, an der Ärmelnaht stets aus dem Querfaden neben der Randmasche verschränkt zunehmen. Die letzte Reihe abketten.
Stehkragen: Vorder- und Rückenteil mit der rechten Maschenseite aufeinanderlegen und an den Schultern zusammenhäkeln. Für den Kragen aus der Halsöffnung Maschen aufnehmen, in Runden kraus rechts stricken und zum Schluss abhäkeln.
Fertigstellung: Seiten- und Ärmelnähte im Matratzenstich schließen, Ärmel anhäkeln.

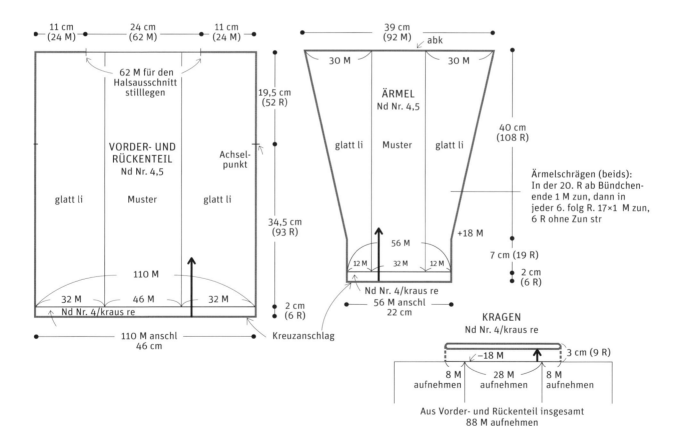

* Angaben zum Garn siehe vordere Umschlagklappe

Kragen abhäkeln

1. In die 1. Masche der letzten Reihe einstechen, Faden holen ...

2. ... und durchziehen.

3. In die nächste Masche einstechen und eine feste Masche häkeln.

4. Wieder in die nächste Masche einstechen und eine feste Masche häkeln.

5. Fortlaufend feste Maschen häkeln, bis die ganze Reihe abgekettet ist.

Muster

☐ = ⊟ = linke M ↖ Ärmel Ende

↑ Ärmel Beginn
↑ Vorder-/Rückenteil Beginn
→ Maschenanschlag

Kurzjacke 73

Kurzjacke

Seite 18

Material
Garn: Provence no Merino* (Daruma), in Dark Brown (Fb 3), 435 g = 11 Knäuel
Nadeln: Stricknadeln Nr. 5,5
Zubehör: 4 Knöpfe (Durchmesser 1,8 cm)
Maße: Brustumfang 92,5 cm, Schulterbreite Rücken 35 cm, Länge 46 cm, Ärmellänge 46 cm
Maschenprobe: 16,5 M und 21 R im Muster A und A', 16 M und 22 R im Muster B = 10 × 10 cm
Ausführung
Vorderteile und Rückenteil, Ärmel: Maschen im Kreuzanschlag anschlagen. In Muster A und A' stricken, dabei verteilt Maschen abnehmen (siehe Stickschrift). Für die Blenden an den Rändern der Vorderteile je 4 Maschen breit kraus stricken, dabei an der rechten Blende 4 Knopflöcher einstricken.
Halsbündchen: Schultern zusammenhäkeln. Aus dem Halsausschnitt Maschen aufnehmen und im Muster C stricken. Über die Blenden weiter 4 Maschen kraus rechts stricken. Die letzte Reihe im einfachen Rippenmuster stricken und italienisch abketten.
Fertigstellung: Seiten- und Ärmelnähte im Matratzenstich schließen, Ärmel anhäkeln.

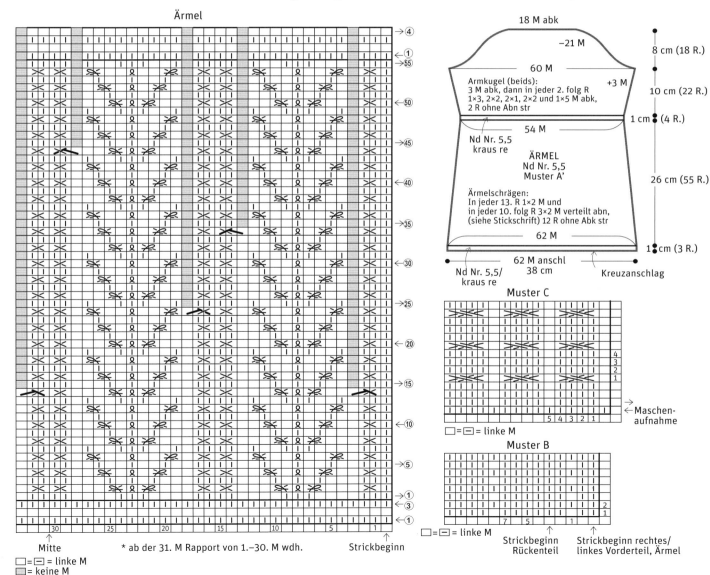

* Angaben zum Garn siehe vordere Umschlagklappe

74 Kurzjacke

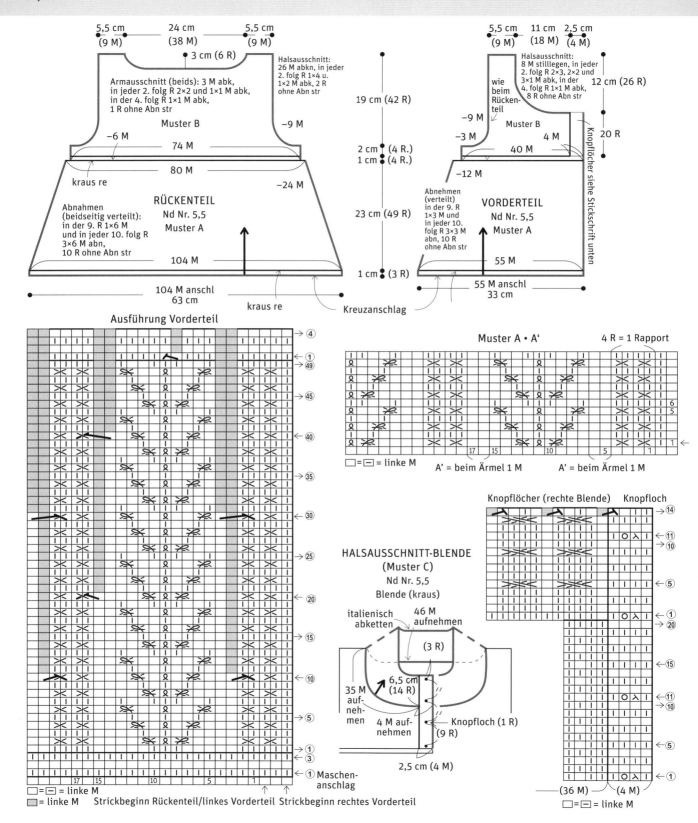

Schirmmütze 75

Schirmmütze

Seite 20

Material
Garn: Asamoya La Seine* (Daruma), in Brown (Fb 4), 60 g = 2 Knäuel
Nadeln: Stricknadeln Nr. 5, Häkelnadel Nr. 5
Maße: Kopfweite 52 cm, Höhe 19,5 cm
Maschenprobe: 14 M und 18 R im Muster = 10 × 10 cm
Ausführung
Band: Maschen mit Hilfsfaden anschlagen und 103 R im Muster A stricken. Den Hilfsfaden lösen und die Maschen auf eine Stricknadel legen. Die Bandenden mit den Außenseiten nach oben aufeinander ausrichten und im Maschenstich zum Ring schließen.

Kopfteil: Aus dem Band Maschen aufnehmen und in Muster B in Runden stricken. Abnahmen laut Strickschrift arbeiten, den Faden zweimal durch die übrigen Maschen führen und zusammenziehen.
Schirm: Der Schirm wird direkt an das Band gehäkelt. Dazu den Faden ganz unten ansetzen (siehe Häkelschrift) und feste Maschen häkeln.
Fertigstellung: Kanten von Kopfteil und Schirm mit Krebsmaschen und Kettmaschen behäkeln.
Pompon: Einen Pompon mit einem Durchmesser von 3 cm herstellen und fest am Kopfteil annähen.

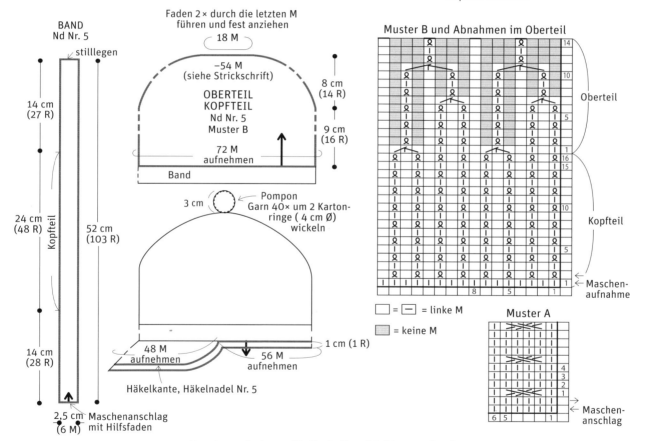

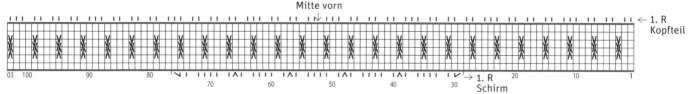

* Angaben zum Garn siehe vordere Umschlagklappe

76 Schirmmütze

SCHIRM
(siehe Häkelschrift) Häkelnadel Nr. 5/feste M

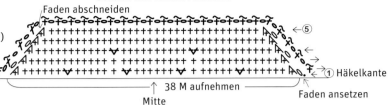

Schirm aus festen Maschen

Maschenstich

1. Oben den Maschenanschlag, unten die letzte Maschenreihe halten.

2. Eine Stopfnadel von hinten in die obere Masche stechen und den Faden durchziehen.

3. Mit der Nadel von hinten in die untere Masche stechen und den Faden durchziehen.

4. In die nächsten beiden oberen Maschen von vorn und von hinten einstechen …

5. … und den Faden durchziehen.

6. In die nächsten beiden unteren Maschen von vorn und von hinten einstechen …

7. … und den Faden durchziehen.

8. Die Schritte 4 bis 7 stets wiederholen. Die Maschen sind nun alle miteinander verbunden.

Fortsetzung Seite 77

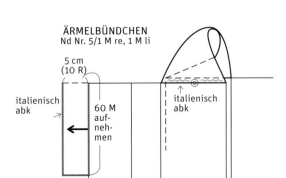

ÄRMELBÜNDCHEN
Nd Nr. 5/1 M re, 1 M li

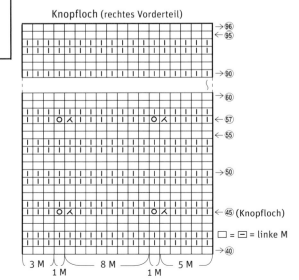

Knopfloch (rechtes Vorderteil)

□ = ⊟ = linke M

Weste 77

Weste

Seite **21**

Material
Garn: Asamoya La Seine (Daruma), in Dark Green* (Fb 6), 360 g = 9 Knäuel
Nadeln: Stricknadeln Nr. 5 und 5,5
Zubehör: 4 Knöpfe (Durchmesser 2 cm)
Maße: Brustumfang 90 cm, Länge 53 cm, Ärmellänge 27,5 cm
Maschenprobe: 13 M und 20 R in Muster A/C, 21 M und 20 R in Muster B = 10 × 10 cm
Ausführung
Vorder- und Rückenteil: Am Übergang vom Bündchen Maschen mit Hilfsfaden aufnehmen und nach der Strickschrift in den verschiedenen Mustern stricken. Achselpunkte mit einem Faden markieren und bis zur Schulter hochstricken. Am Rückenteil rechts und links der Mitte nach der Strickschrift mithilfe von Umschlägen Maschen zunehmen und den Kragen stricken. Die letzte Reihe abketten. Beim rechten Vorderteil Knopflöcher mitstricken. Hilfsfaden aus dem Maschenanschlag lösen und die Maschen auf die Nadel nehmen. Bündchen im einfachen Rippenmuster stricken und italienisch abketten.
Ärmelbündchen: Schultern zusammenhäkeln und die Ärmelbündchen im einfachen Rippenmuster anstricken. **Fertigstellung:** Den Kragen am Rückenteil auf die Kragenansatzpunkte am Vorderteil ausrichten und im Strickstich annähen. Seitennähte und Ärmelbündchen im Matratzenstich schließen.

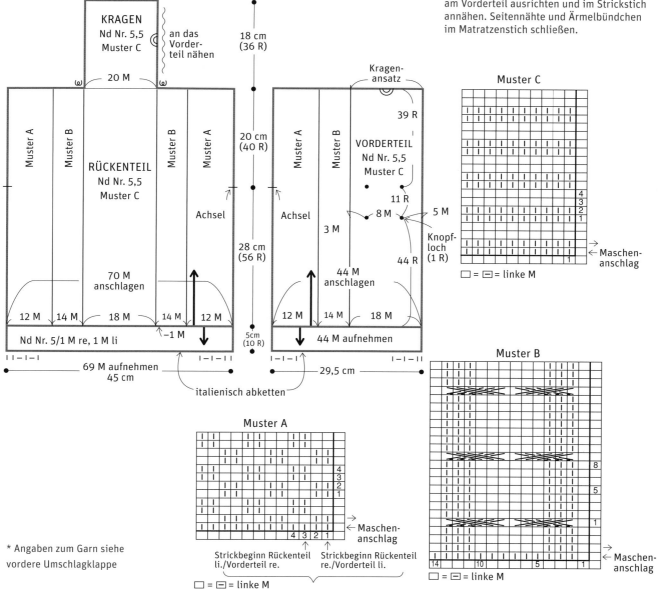

* Angaben zum Garn siehe vordere Umschlagklappe

78 Pullover mit Stehkragen

Pullover mit Stehkragen

Seite 22

Material
Garn: Prime Merino fein-mittel* (Daruma), in Hellbraun (Fb 13), 360 g = 12 Knäuel
Nadeln: Stricknadeln Nr. 3 und 3,5
Maße: Brustumfang 88 cm, Länge 54,5 cm, Ärmellänge 70,5 cm
Maschenprobe: 36 M und 35,5 R in Muster A, 24 M und 35,5 R in Muster B, 30 M und 35,5 R in Muster C = 10 × 10 cm
Ausführung
Ärmel, Passe: Maschen mit Hilfsfaden anschlagen und 166 R im Muster stricken, dabei an der Ärmelnaht stets aus dem Querfaden neben der Randmasche verschränkt zunehmen. An beiden Seiten der Arbeit je 1 Umschlag aufnehmen (zwecks späterer Maschenaufnahmen für Vorder- und Rückenteil) und 46 R stricken. Für den Halsausschnitt die Arbeit in Vorder- und Rückenteil trennen. Für das Rückenteil 53 M stricken, 1 Umschlag aufnehmen (zwecks späterer Maschenaufnahme für das Halsbündchen), 64 R stricken und die Maschen stilllegen. Für den Halsausschnitt 8 M abketten. Für das Vorderteil 1 Umschlag aufnehmen (zwecks späterer Maschenaufnahme für den Stehkragen) und über diesen und die restlichen 44 M 64 R stricken. Die Maschen von Vorder- und Rückenteil wieder zusammen auf eine Nadel legen. An den Zunahmestellen jeweils 2 M zusammenstricken, sodass die ursprüngliche Maschenzahl wieder erreicht ist. Mit einem Hilfsfaden 8 M anschlagen, diese aufnehmen und über 105 M weiterstricken. Nach 46 R an den Zunahmestellen zu beiden Seiten de Arbeit jeweils 2 M zusammenstricken (= 103 M). Für die Abnahmen an der Ärmelnaht stets die Randmaschen abketten (siehe Seite 43). Kraus rechts weiterstricken und abketten. Hilfsfaden aus dem Maschenanschlag lösen, die Maschen auf die Nadel legen und kraus stricken.
Vorder- und Rückenteil: Aus der Passe gleichmäßig verteilt Maschen aufnehmen und im Muster C stricken. **Stehkragen:** Seiten- und Ärmelnähte im Matratzenstich schließen. Aus dem Halsausschnitt Maschen aufnehmen, den Stehkragen in Runden stricken und abketten.

STEHKRAGEN Nd Nr. 3 Muster A

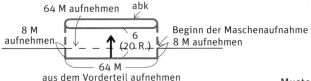

Muster C

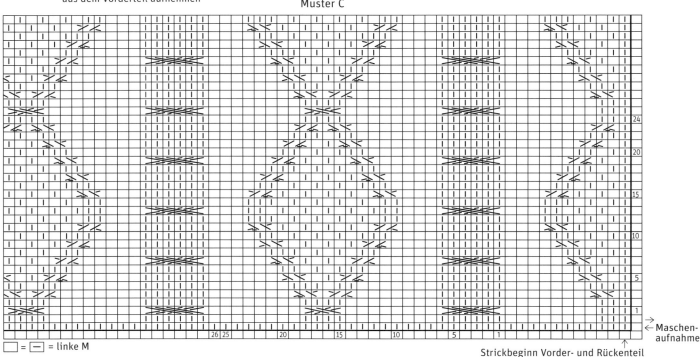

☐ = ⊟ = linke M

* Angaben zum Garn siehe vordere Umschlagklappe

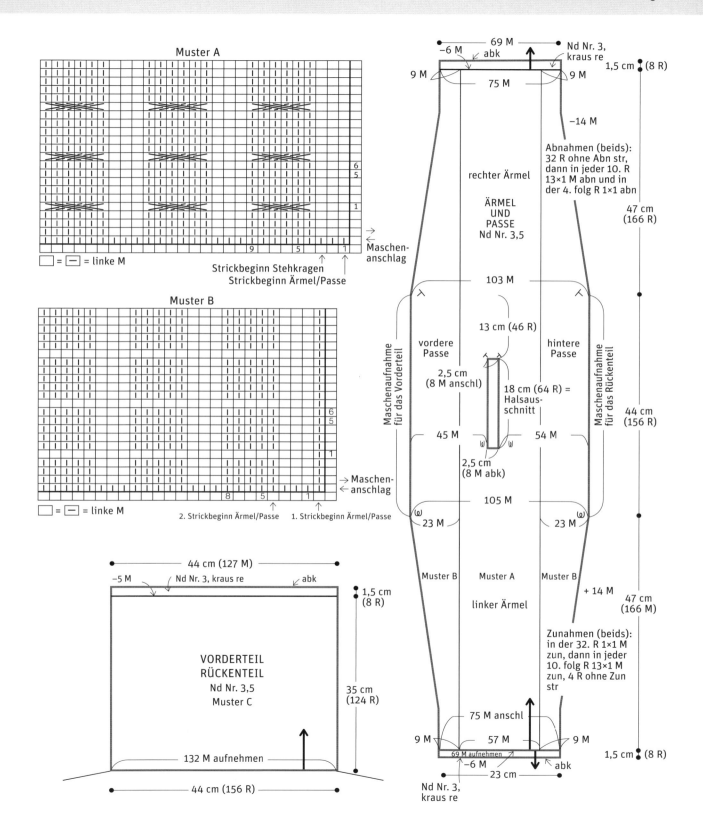

80 Pullover mit Zopfmuster

Pullover mit quer gestricktem Zopfmuster
Seite 24

Material
Garn: Prime Merino mittel* (Daruma), in Brown Grey (Fb 12) 365 g = 10 Knäuel
Nadeln: Stricknadeln Nr. 4 und 4,5
Maße: Brustumfang 86 cm, Länge 51,5 cm, Ärmellänge 42,5 cm
Maschenprobe: 21 M und 27,5 R glatt rechts, 27 M und 28 R im Muster = 10 × 10 cm
Ausführung
Ärmel, Passe: Am Übergang vom rechten Ärmelbündchen Maschen mit Hilfsfaden anschlagen und Ärmel und Passe in einem Stück stricken. Das Muster dabei von der Mitte aus spiegelbildlich anordnen und auch bei der Richtung der verkreuzten Maschen die Spiegelbildlichkeit beachten. Über die Reihen des Halsausschnitts die Arbeit in Vorder- und Rückenteil teilen und getrennt stricken. Abnahmen im Ärmelbündchen nach Strickschrift vornehmen, Bündchen im doppelten Rippenmuster stricken und abketten. Hilfsfaden aus dem Maschenanschlag lösen und die Maschen auf die Nadel legen. Bündchen im doppelten Rippenmuster stricken.
Vorder- und Rückenteil: Aus der Passe Maschen aufnehmen und das Vorder- und Rückenteil stricken. Die Seitennähte im Matratzenstich schließen.
Halsbündchen: Aus dem Halsausschnitt Maschen aufnehmen, dabei am Übergang vom Vorder- zum Rückenteil den Querfaden aufnehmen und verschränkt abstricken. Halsbündchen im doppelten Rippenmuster in Runden stricken und abketten.

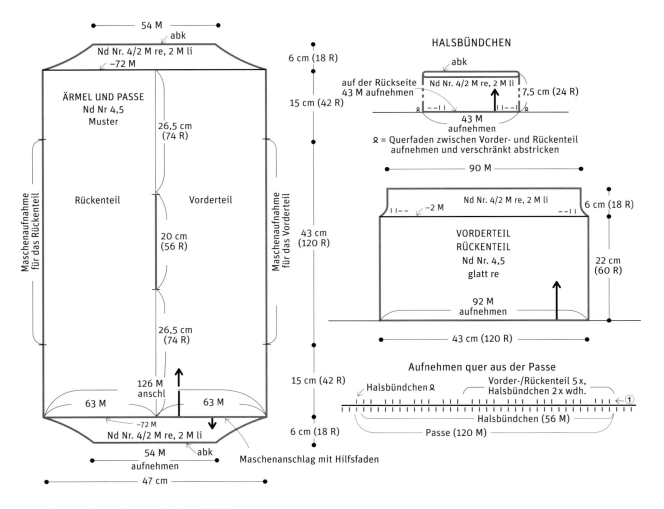

* Angaben zum Garn siehe vordere Umschlagklappe

Pullover mit Zopfmuster 81

Muster

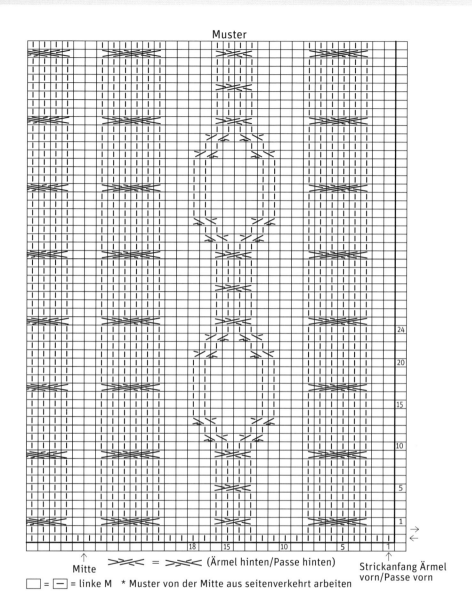

↑ Mitte ⟩⟩≪ = ⟩⟩≪ (Ärmel hinten/Passe hinten) Strickanfang Ärmel vorn/Passe vorn

☐ = ⊟ = linke M * Muster von der Mitte aus seitenverkehrt arbeiten

Abnahmen im Ärmelbündchen

↑ Schulterlinie * Ärmelbündchen auf der Rückseite seitenverkehrt zum Ärmelbündchen auf der Vorderseite stricken

Quer gestrickte Tasche

Seite 26

Material
Garn: Café Wool Felt* (Daruma), in Natur (Fb 1) 230 g = 8 Knäuel
Nadeln: Stricknadeln Nr. 4,5, Häkelnadel Nr. 4
Zubehör: 1 Paar Lederhenkel (rot), Länge 32 cm
Maße: Breite 35 cm, Höhe 28 cm
Maschenprobe: 27 M und 23 R im Muster = 10 × 10 cm

Ausführung
Der Taschenkörper wird quer gestrickt. Maschen mit Hilfsfaden anschlagen und 2 identische Teile im Muster stricken. Hilfsfaden lösen und die Maschen auf die Nadel legen. Die beiden Strickstücke mit den Außenseiten aufeinanderlegen und an der rechten und der linken Seite zusammenhäkeln. Die Unterkante mit 1 R festen Maschen behäkeln. Den Boden in festen Maschen häkeln, dabei stets unter beiden Maschengliedern einstechen. Taschenkörper und Boden mit den Rückseiten nach innen aneinanderlegen und im Überwendlingstich zusammennähen. Den Taschenrand mit einer Häkelkante versehen: Zunächst 1 Rd feste Maschen häkeln. In der 2. Rd abwechselnd 1 feste Masche häkeln, in die Ausgangsmasche der festen Masche 1 R tiefer einstechen und über die vorhandene feste Masche häkeln. Die Griffe mit Nähgarn an den angegebenen Stellen feststeppen.

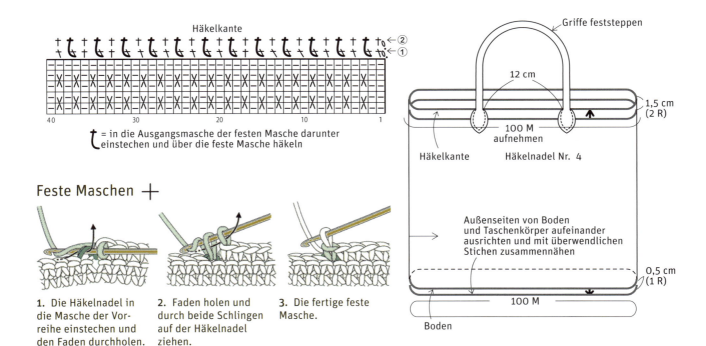

* Angaben zum Garn siehe vordere Umschlagklappe

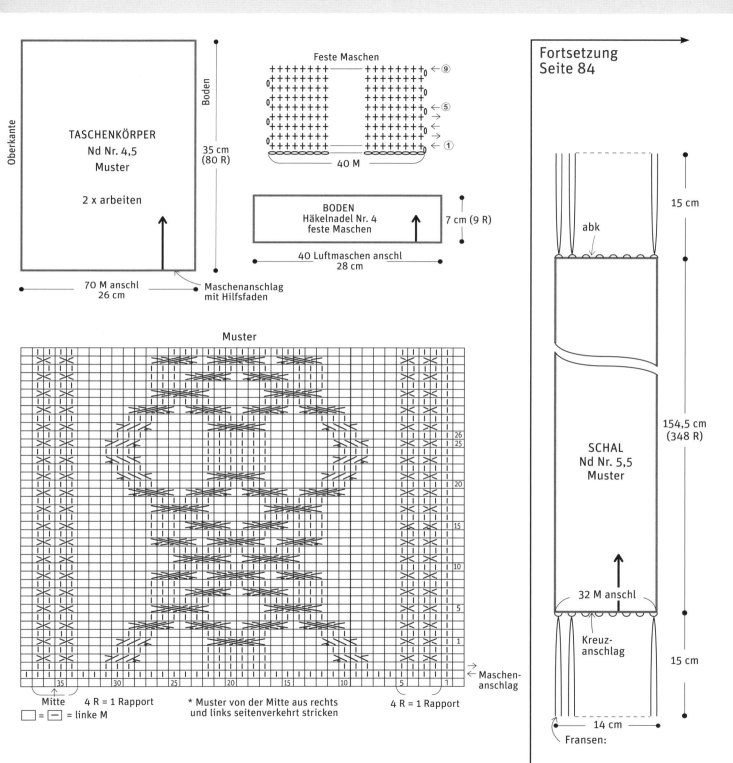

84 Schal

Schal

Seite 27

Material
Garn: Konayuki Syrup* (Daruma),
in Silver Grey (Fb 5), 170 g = 5 Knäuel
Nadeln: Stricknadeln Nr. 5,5
Maße: Breite 14 cm, Länge 184,5 cm
(mit Fransen)
Maschenprobe: 23 M und 22,5 R
im Muster = 10 × 10 cm
Ausführung
Maschen im Kreuzanschlag anschlagen.
Bei den verkreuzten Maschen mit dem
kurzen waagerechten Strich in der Strickschrift die unten liegende Masche links
stricken. 348 R gerade im Muster stricken,
dabei darauf achten, dass die Ränder nicht
zu locker werden. In der letzten Musterreihe
alle M mustergemäß abketten, dabei an den
Stellen, an denen die Fransen befestigt
werden (siehe Strickschrift), 8 × 1 M abnehmen. Für die Fransen jeweils 4 Fäden
à 38 cm zuschneiden, doppelt legen und
an beiden Enden des Schals befestigen.
Dazu an der Abschlusskante die Fransen an
den Abnahmestellen befestigen, an der
Anschlagkante jeweils unter der ersten und
der letzten der verkreuzten Maschen die
benachbarte linke Masche auf der Rückseite
unter die rechte Masche legen und die
Fransen durch beide Maschen hindurch fest-
knüpfen.

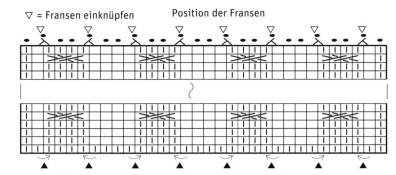

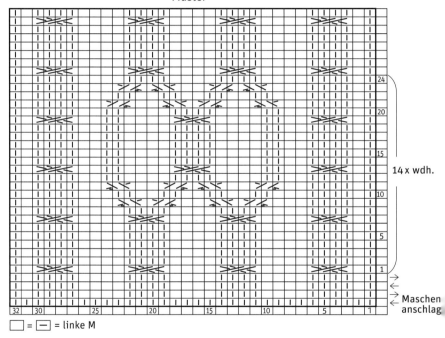

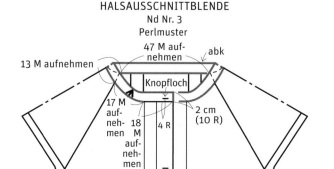

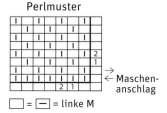

Fortsetzung
Seite 85

* Angaben zum Garn siehe
vordere Umschlagklappe

Raglan Cardigan 85

Raglan-Cardigan mit kurzen Ärmeln

Seite 28

Material
Garn: Prime Merino fein-mittel* (Daruma), in Natur (Fb 1), 180 g = 6 Knäuel
Nadeln: Stricknadeln Nr. 3 und 3,5
Zubehör: 6 Knöpfe (Durchmesser 1,5 cm)
Maße: Brustumfang 88 cm, Länge 47,5 cm, Ärmellänge 30,5 cm
Maschenprobe: 24 M und 33 R glatt rechts, 40 M und 33 R im Zopfmuster = 10 × cm
Ausführung
Vorderteile und Rückenteil: Maschen im Kreuzanschlag anschlagen. Bei den Vorderteilen die Blende im Perlmuster mitstricken. Für die Raglanschräge 5 M abketten und die Abnahmen stets neben der Randmasche durchführen. Für den vorderen Halsausschnitt Maschen abketten und für die Abnahmen stets die Randmasche abketten.
Ärmel: Wie Vorderteile und Rückenteil stricken.
Fertigstellung: Den abgeketteten Teil der Raglanschräge im Maschenstich, die Schräge im Matratzenstich an den Ärmeln befestigen, Seiten- und Ärmelnähte im Matratzenstich schließen. Für die Halsausschnittblende aus Halsausschnitt und Ärmeln Maschen aufnehmen und im Perlmuster stricken. Die letzte Reihe abketten.

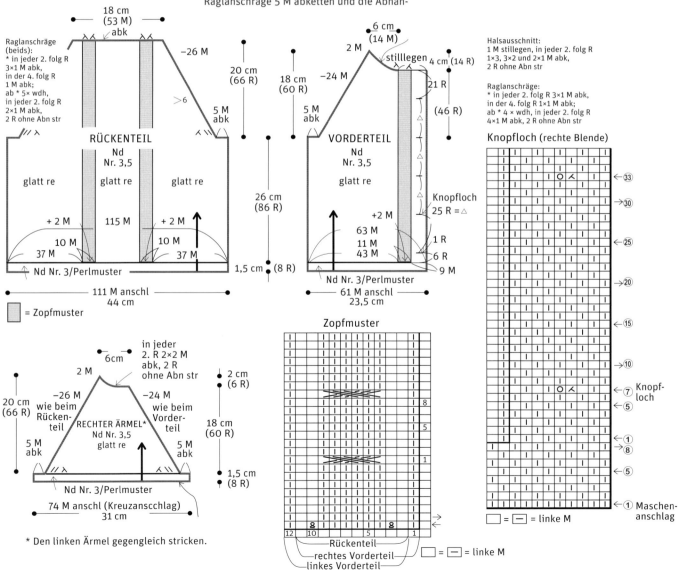

* Den linken Ärmel gegengleich stricken.

* Angaben zum Garn siehe vordere Umschlagklappe

86 Kragenschal

Kragenschal

Seite 29

Material
Garn: Prime Merino fein-mittel* (Daruma), in Schwarz (Fb 12), 40 g = 2 Knäuel
Nadeln: Stricknadeln Nr. 3,5
Zubehör: 1 Knopf (Durchmesser 1,8 cm)
Maße: Breite 17 cm, Länge 53 cm
Maschenprobe: 30,5 M und 34 R im Muster = 10 × 10 cm
Ausführung
Maschen im Kreuzanschlag anschlagen und 5 R im einfachen Rippenmuster stricken. Beim Wechsel zum Muster mit der 1. Musterreihe in einer Rückreihe beginnen, dabei 1 M verkreuzt aus dem Querfaden zwischen 2 Maschen zunehmen. Bei den verkreuzten Maschen mit dem kurzen waagerechten Strich in der Strickschrift die unten liegende Masche links stricken. Angaben in der Strickschrift genau beachten! In der 2. Musterreihe am rechten Rand ein Knopfloch einstricken. 169 R gerade hoch im Muster stricken. Anschließend im einfachen Rippenmuster weiterstricken, dabei in der 1. R 1 M abnehmen, um die Ausgangsmaschenzahl wiederherzustellen. 4 R im einfachen Rippenmuster stricken, dann alle Maschen mustergemäß abketten. Zum Schluss den Knopf annähen und die Fäden vernähen.

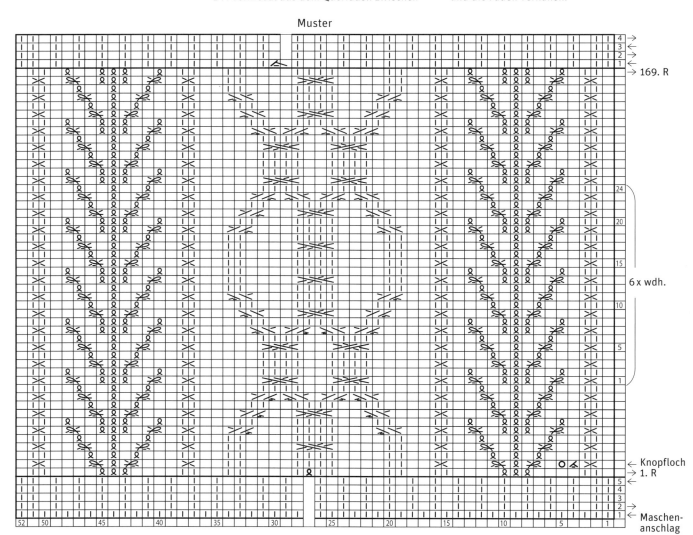

□ = − = linke M

* Angaben zum Garn siehe vordere Umschlagklappe

Einfacher Cardigan 87

Einfacher Cardigan

Seite 30

Material
Garn: Prime Merino mittel* (Daruma), in Natur (Fb 1), 455 g = 12 Knäuel
Nadeln: Stricknadeln Nr. 4,25 und 4,5
Zubehör: 5 Knöpfe (Durchmesser 1,5 cm)
Maße: Brustumfang 91 cm, Schulterbreite Rücken 35 cm, Länge 46 cm, Ärmellänge 55 cm
Maschenprobe: 26 M und 30 R im Muster = 10 × 10 cm
Ausführung
Vorderteile und Rückenteil: Maschen im Kreuzanschlag anschlagen und im einfachen Rippenmuster stricken. Für die Abnahmen an Armausschnitten und Halsausschnitt 2 M und mehr stets abketten, bei 1 M stets die Randmasche abketten (siehe Seite 40).

Ärmel: An der Ärmelnaht stets aus dem Querfaden neben der Randmasche verschränkt zunehmen, an der Armkugel die abzunehmenden Maschen abketten, bei 1 M stets die Randmasche abketten.
Halsausschnitt- und Frontblenden: Schulternähte überzogen zusammenhäkeln. Aus dem Halsausschnitt Maschen aufnehmen, im einfachen Rippenmuster stricken und italienisch abketten. Für die Frontblenden aus dem Rand des Vorderteils und aus der Halsausschnittblende Maschen aufnehmen, in die rechte Blende Knopflöcher einstricken.
Fertigstellung: Seiten- und Ärmelnähte im Matratzenstich schließen, Ärmel anhäkeln.

Fortsetzung von Seite 86

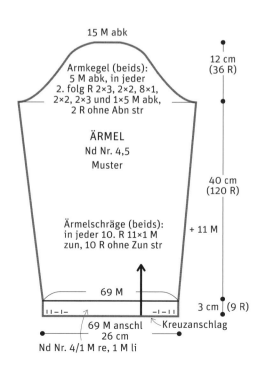

* Angaben zum Garn siehe vordere Umschlagklappe

88 Einfacher Cardigan

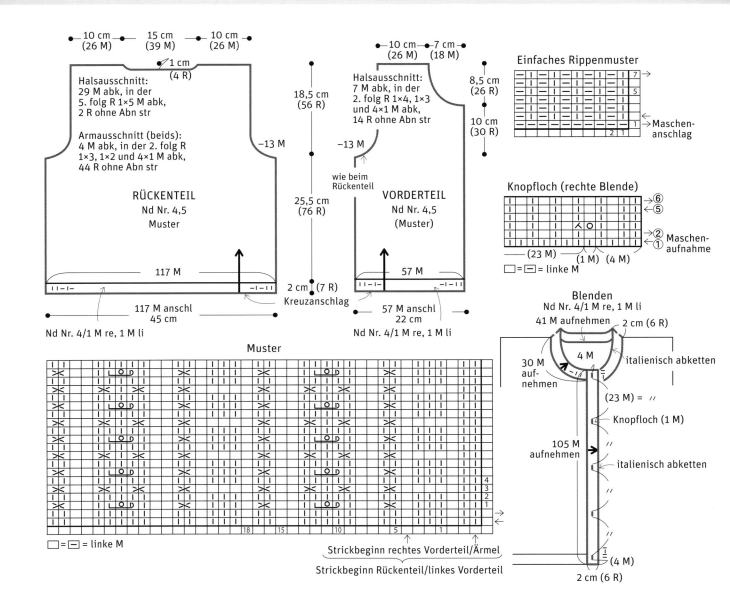

Quer gestrickter Hut 89

Quer gestrickter Hut

Seite **31**

Material
Garn: Café Wool Felt* (Daruma), in Grey (Fb 4), 115g = 4 Knäuel
Nadeln: Stricknadeln Nr. 3,5 und 4, Häkelnadel Nr. 3,5
Maße: Kopfweite 55 cm, Höhe 10,5 cm
Maschenprobe: 18 M und 28 R glatt rechts, 25 M und 28 R im Muster = 10 × 10 cm
Ausführung
Seitenteil: Maschen mit Hilfsfaden anschlagen und 155 R im Muster stricken. Den Hilfsfaden lösen und die Maschen auf eine Stricknadel legen. Die Enden mit der Außenseite nach oben aneinanderlegen und mit Maschenstichen zum Ring schließen.
Oberteil: Aus dem Seitenteil Maschen aufnehmen und in Runden glatt rechts stricken. Die Abnahmen wie in Stickschrift vornehmen. Den Faden durch die letzten Maschen führen und zusammenziehen.
Krempe: Aus dem Seitenteil Maschen aufnehmen und in Runden glatt rechts stricken. Die Zunahmen wie in Abb. 2 jeweils aus dem Querfaden zwischen zwei Maschen verschränkt vornehmen. Die Maschen der letzten Reihe abhäkeln. Die Außenkante der Krempe rundherum einrollen.

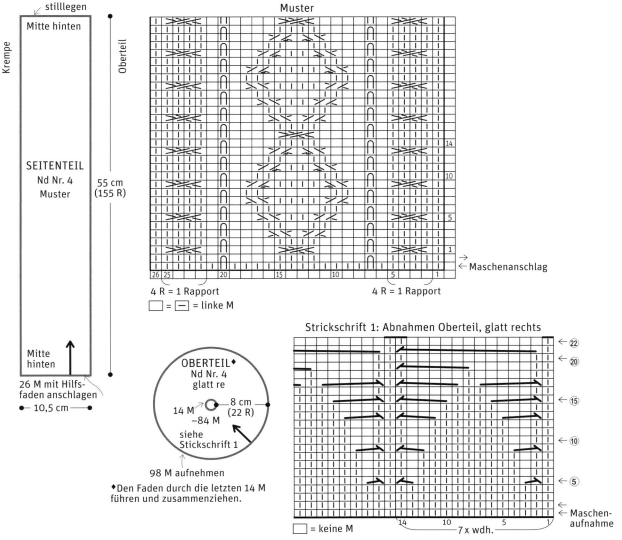

* Angaben zum Garn siehe vordere Umschlagklappe

90 Quer gestrickter Hut

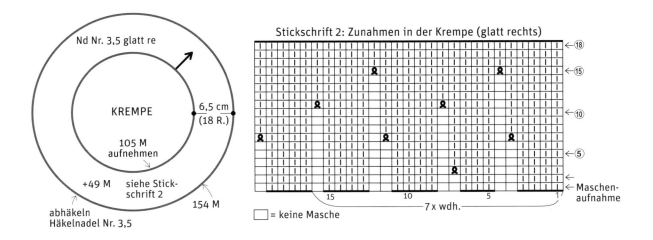

Fortsetzung von Seite 89

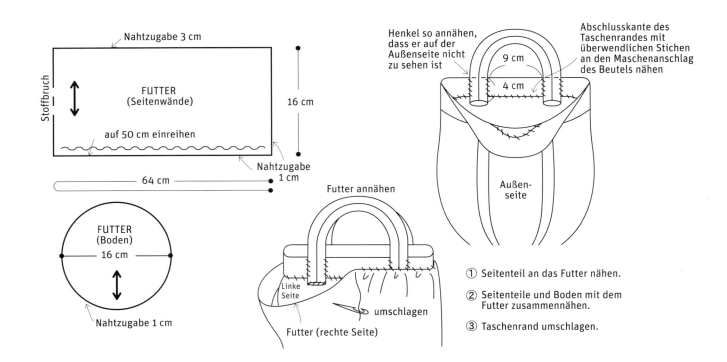

① Seitenteil an das Futter nähen.
② Seitenteile und Boden mit dem Futter zusammennähen.
③ Taschenrand umschlagen.

Zopfmuster-Tasche

Seite **31**

Material
Garn: Blanket* (Daruma), in Greyish Green (Fb 10), 145 g = 4 Knäuel
Nadeln: Stricknadeln Nr. 6,5; Rundstricknadel Nr. 6 (40 cm lang)
Zubehör: Futterstoff 84 x 20 cm
Maße: Breite 32 cm, Höhe 25 cm
Maschenprobe: 11 M und 15 R glatt rechts, 15 M und 16 R im Muster = 10 x 10 cm

Ausführung
Für den Taschenkörper Maschen im Kreuzanschlag anschlagen und von der Öffnung her in Runden stricken. Für den Boden Maschen gemäß Strickschrift abnehmen, den Faden durch die übrigen Maschen führen und zusammenziehen. Für die Kante aus dem Maschenanschlag Maschen aufnehmen und in Runden glatt rechts stricken. In der letzten Runde alle Maschen abketten. Die Kante zur Hälfte nach innen umschlagen, die Abkettreihe auf die Anschlagreihe legen und mit Überwendlingstich verbinden. Für die Henkel ebenfalls Maschen im Kreuzanschlag anschlagen und jeweils glatt rechts stricken. Die Abkettreihen auf die Anschlagreihen legen und mit Überwendlingstich verbinden. Die Henkel so am Taschenkörper befestigen, dass sie sich auf der Außenseite nicht abzeichnen. Das Futter nähen, die Tasche auf links wenden, das Futter darüberziehen und mit Überwendlingstich an der Kante befestigen.

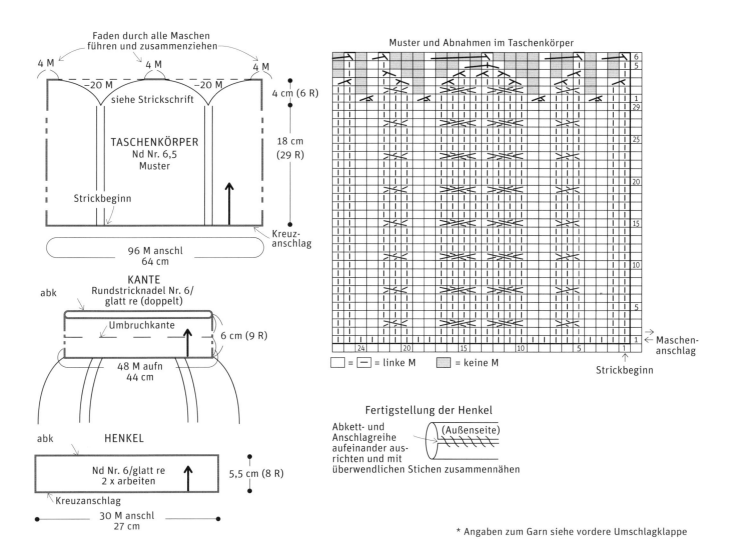

* Angaben zum Garn siehe vordere Umschlagklappe

92 Handstulpen

Handstulpen

Seite **31**

Material
Garn: Asamoya La Seine* (Daruma), in Sand-Beige (Fb 2) 70 g = 2 Knäuel
Nadeln: Stricknadeln Nr. 5,5
Maße: Handgelenkweite 20 cm, Länge 27 cm
Maschenprobe: 15 M und 19 R glatt rechts, 20 M und 19 R im Muster = 10 × 10 cm

Ausführung
Maschen im Kreuzanschlag anschlagen und von der Handseite aus nach Strickschrift stricken. In der letzten Reihe rechte Maschen rechts, linke Maschen links abketten. Die Ränder aufeinander ausrichten und im Matratzenstich zusammennähen, dabei Löcher für die Daumen aussparen. Die 2. Handstulpe gegengleich arbeiten.

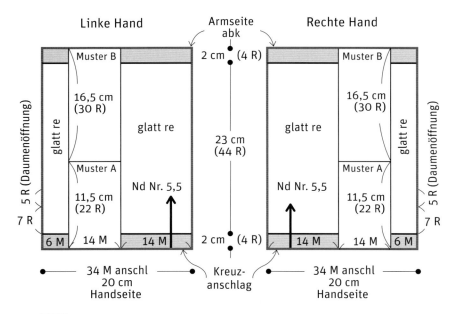

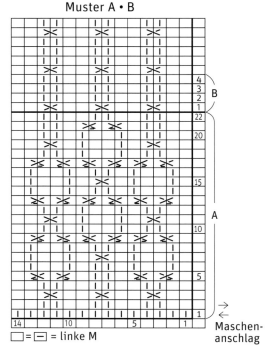

* Angaben zum Garn siehe vordere Umschlagklappe

Zopfmusterschal 93

Zopfmusterschal

Seite 32

Material
Garn: Prime Merino mittel* (Daruma),
in Rot (Fb 17) 145 g = 4 Knäuel
Nadeln: Stricknadeln Nr. 4,5
Maße: Breite 13 cm, Länge 182 cm
Maschenprobe: 26 M und 28 R
im Muster = 10 × 10 cm
Ausführung
Maschen im Kreuzanschlag anschlagen und
ohne Zu- und Abnahmen im Muster stricken.
Alle Maschen in einer Rückreihe abketten.

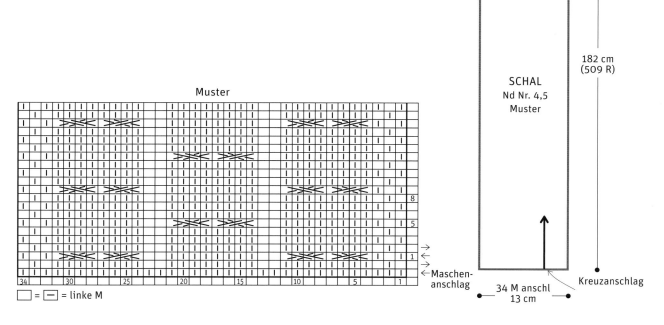

$\square$ = $\boxed{-}$ = linke M

* Angaben zum Garn siehe vordere Umschlagklappe

94 Pudelmütze

Pudelmütze

Seite 33

Material
Garn: Shetland-to no Hitsuji* (Daruma), in Beige (Fb 2) 100 g = 3 Knäuel
Nadeln: Stricknadeln Nr. 5,5
Maße: Kopfweite 48 cm, Höhe 21 cm
Maschenprobe: 19 M und 23 R im Zopfmuster = 10 x 10 cm
Ausführung
Maschen im Kreuzanschlag anschlagen und in Runden stricken. Maschenabnahme im oberen Teil siehe Strickschrift. Den Faden durch die letzten Maschen führen und zusammenziehen. Pompon am Scheitelpunkt annähen.

Muster und Abnahmen im Oberteil

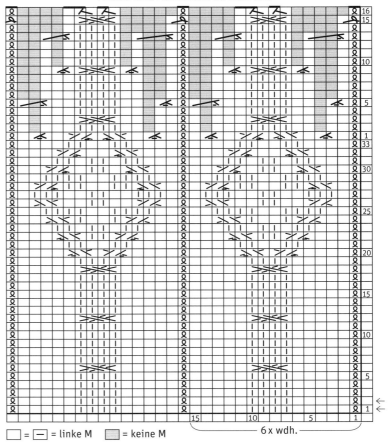

☐ = ⊟ = linke M   ▦ = keine M

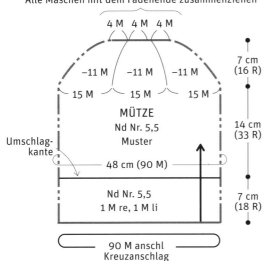

Pompon
Garn 100-mal um 2 Kartonringe (10 cm Durchmesser) wickeln. Durchmesser des fertigen Pompons: 8 cm

fest annähen

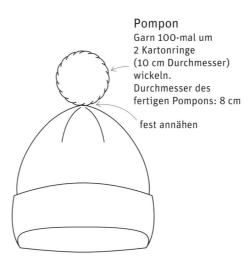

* Angaben zum Garn siehe vordere Umschlagklappe

Register

A
Abketten 46, 48
- in der 2. Abnahme 40, 45
- in der Hinreihe 39
- in der Mitte 45
- in der Randmasche 40, 45
- in der Rückreihe 39
- mit der Häkelnadel 52
Abnahme
- am linken Rand 55
- am rechten Rand 55
Armausschnittblende 49

E
Einfacher Cardigan 30, 87

F
Faden ansetzen 42
Feste Maschen
- aus einer heraushäkeln 58
- zusammen abmaschen 58

H
Halsausschnittblende 47
Handstulpen 31, 92

I
Italienisch abketten 52

K
Knopflöcher stricken 69
Knötchenmuster 58
Kragen abhäkeln 72
Kragenschal 29, 86
Krebsmaschen 58
Kreuzanschlag 35
Kurzjacke 18, 73
Kurzjacke mit Kragen 12, 68

L
Links verschränkt zunehmen 39
Long-Cardigan 6, 61

M
Masche
- abheben 57
- mit Umschlag abheben 57
- linke 54
- rechte 54
Maschen
- aufnehmen 47
- aufnehmen nach Abketten mit Hilfsfaden 52
- links zusammenstricken 54
- links-rechts nach links verkreuzen 44
- nach links verkreuzen 43, 56, 57
- nach rechts verkreuzen 43, 56, 57, 58, 62, 65
- rechts überzogen zusammenstricken 54, 55
- rechts zusammenstricken 54
- rechts-links nach rechts verkreuzen 44
- überzogen zusammenstricken 55
Maschenanschlag 35
- provisorischer 51
Maschenstich 53, 76
Matratzenstich 50

N
Nullenzopf 58

P
Pudelmütze 33, 94
Pullover mit quer gestricktem Zopfmuster 24, 80
Pullover mit Rautenmuster 4, 8, 59, 64
Pullover mit Stehkragen 22, 78
Pullover mit U-Boot-Ausschnitt 14, 71
Pullunder im Aran-Muster 16, 34

Q
Quer gestrickte Tasche 26, 82
Quer gestrickter Hut 31, 89

R
Raglan-Cardigan mit kurzen Ärmeln 28, 85
Rautenmuster 43
Rechts verschränkt 57
Rechts verschränkt zunehmen 38
Rippenmuster, doppeltes 38, 48

S
Schal 27, 84
Schirmmütze 20, 75
Schulternähte zusammenhäkeln 46
Stola mit Kragen 10, 67

U
Umschlag 54

W
Weste 21, 77

Z
Zopfmuster 43
Zopfmusterschal 32, 93
Zopfmuster-Tasche 31, 91

Abkürzungen

abk	abketten
Abn	Abnahme(n)
abn	abnehmen
anschl	anschlagen
arb	arbeiten
cm	Zentimeter
folg	folgende(n)
li	links/linke
LL	Lauflänge
M	Masche(n)
Nd	Nadel(n)
R	Reihe(n)
re	rechts/rechte
str	stricken
wdh	wiederholen
Zun	Zunahme(n)
zun	zunehmen

Die Symbole in den Strickschriften werden auf den Seiten 54–58 anhand von Grafiken ausführlich erklärt.

Wichtiger Hinweis

Die im Buch veröffentlichten Ratschläge wurden von Verfassern und Verlag mit größter Sorgfalt erarbeitet und geprüft. Eine Garantie kann jedoch nicht übernommen werden. Ebenso ist eine Haftung der Verfasser bzw. des Verlages und seiner Beauftragten für Personen-, Sach- oder Vermögensschäden ausgeschlossen.

Bibliografische Information der Deutschen Nationalbibliothek

Die Deutsche Nationalbibliothek verzeichnet diese Publikation in der Deutschen Nationalbibliografie; detaillierte bibliografische Daten sind im Internet über http://dnb.d-nb.de abrufbaR.

© 2012 Droemersche Verlagsanstalt
Th. Knaur Nachf. GmbH & Co.KG, München
Alle Rechte vorbehalten.

Das Werk einschließlich aller seiner Teile ist urheberrechtlich geschützt. Jede Verwertung außerhalb des Urhebergesetzes ist ohne Zustimmung des Verlages unzulässig und strafbaR. Das gilt insbesondere für Vervielfältigungen, Übersetzungen, Mikroverfilmungen und die Einspeicherung und Verarbeitung in elektronischen Systemen.
Es ist deshalb nicht gestattet, Abbildungen dieses Buches zu scannen, in PCs oder auf CDs zu speichern oder in Computern zu verändern oder einzeln oder zusammen mit anderen Bildvorlagen zu manipulieren, es sei denn mit schriftlicher Genehmigung der GmbH.
Bei der Anwendung in Beratungsgesprächen, im Unterricht und in Kursen ist auf dieses Buch hinzuweisen. Jede gewerbliche Nutzung der Arbeiten und Entwürfe ist nur mit Genehmigung von Verfassern und Verlag gestattet.

Copyright der japanischen Ausgabe:
Aran Moyou no Wear to Komono (NV4381)
© NIHON VOGUE-SHA 2008
All rights reserved.
Photographers: Junichi Okugawa, Nobuo Suzuki
Designers of the projects in this book: Hiromi Endo, Jun Shibata, Junko Yokohama, KAZEKOBO, Keiko Okamoto, Kuniko Hayashi, Masako Imai, Mariko Oka, Mayumi Kawai, Shino Arai, Takako Mizuhara, Yoko Kitagawa, Yumiko Maeme, Mitsuko Kinoshita
Originally published in Japan by
NIHON VOGUE CO., LTD, Tokyo
German translation rights arranged with
NIHON VOGUE CO., LTD, Tokyo

Projektleitung: Franz Leipold
Übersetzung: Susanne Schmidt-Wussow, Berlin
Redaktion: Helene Weinold, Violau
Herstellung: Veronika Preisler, München
Satz: Wilhelm Vornehm, München
Umschlaggestaltung: griesbeckdesign, München
Druck und Bindung: Offizin Andersen Nexö Leipzig GmbH, Zwenkau
Printed in Germany
ISBN 978-3-426-64718-9

5 4 3 2 1

Bitte besuchen Sie uns auch
im Internet unter der Adresse:
www.knaur-kreativ.de

MIX
Papier aus verantwortungsvollen Quellen
FSC® C012425